짜
장
면

문화의 길 002
화교 문화를 읽는 눈
짜장면

ⓒ 유중하 2012

초판 1쇄 인쇄 2012년 11월 8일 초판 1쇄 발행 2012년 11월 15일
지은이 유중하 **펴낸이** 이기섭 **기획** (재)인천문화재단 **편집** 최광렬 **마케팅** 조재성 성기준 정윤성 한성진 정영은
관리 김미란 장혜정 **디자인** 오필민 디자인 **펴낸곳** 한겨레출판(주) **등록** 2006년 1월 4일 제313-2006-00003호
주소 121-750 서울시 마포구 공덕동 116-25 한겨레신문사 4층 **전화** 02)6383-1602~3 **팩스** 02)6383-1610
홈페이지 www.hanibook.co.kr **이메일** ckr@hanibook.co.kr

값은 뒤표지에 있습니다. 파본이나 잘못된 책은 서점에서 바꾸어 드립니다.

ISBN 978-89-8431-624-9 04080

문화의 길
총서
02

화교문화를
읽는
짜장면

글·사진 유중하

한겨레출판

짜장면, 화교
그리고
인천을 만난 시간

비로소 공자님 말씀이 새삼스레 다가온다. 가로되, "아는 걸 안다고 하고 모르는 걸 모른다고 하는 게 진짜로 아는 거다(知之爲知之 不知爲不知 是知也)"라는 구절이 그것이다. 아니 실은 아직도 새까맣게 못 미친다. 이제 겨우 무엇을 모르고 있나, 무엇이 궁금한가를 겨우 알 듯 말 듯 하다고 해야 할까, 아니면 짜장면이라는 시꺼먼 방으로 들어가는 문고리를 잡았다고 할 수 있으려나.

그러나 어쨌든 금년(2009년)은 짜장면으로 보낸 한 해였다. 짜장면, 도대체 이놈이 무엇인가. 그러면서 우선 말을 배우는 아이처럼 새 단어 한 개를 배웠으니, 이를테면 '장지우(講究)'라는 말도 그 하나다. 우리로 치면 대책을 강구한다고 할 때 쓰는 그 표현이지만, 중국음식의 세계로 들어갈 때 그 단어는 비슷하지만 뉘앙스가 다른 말이 된다. 우리말로 딱 들어맞는 풀이는 거의 불가능에 가깝지만, 갖다 붙이듯이 풀면 '음식을 만들되 그냥 만드는 게 아니라 이리저리 머리를 짜내고 궁리를 해낸 끝에 새로 개발한' 정도의 뜻이다. 이 역시 제대로 된 뜻풀이가 못 되고 구구한 단어의 설명이 되고 말았지만 어쨌든 그 낱말을 배운 게다.

이 밖에도 챙긴 것이 또 하나 있다. 그것은 사람이다. 인천 출신 화교로 손덕준이라는 사내를 겨우 알게 된 것이다. 영화 〈북경반점〉에 손 모델로 출연한 그는 화교 2세대 혹은 3세대다. 친가로 보면 부친 1931년생 손세상 씨가 산둥에서 건너와 이곳에 뿌리를 내렸으니 2세대고, 외가로 보면 외조부인 왕영성 씨가 한국에 처음 건너와 따님인 왕연신 씨를 손세상 씨에게 시집보내 손덕준 씨를 낳았으니 3세대인 셈이다. 이제 그와는 그야말로 술자리에서 욕설을 나눌 수 있게 되었고, 내가 그의 면전에서 중국놈이라고 욕을 하면 그는 내 앞에서 한국놈이라고 할 수 있는 정도의, 민족이나 국가의 장벽을 완전히 허물어 막역한 지경까지는 안 되더라도, 개구멍 하나는 뚫어 놓아 적어도 그 구멍을 통해서만큼은 서로 막말을 주고받을 수 있는 사이가 되었다. 3년 전에 처음 면식을 익힌 이래, 이 건수 저 건수를 핑계 삼아 올해 들어 둘이서 먹은 '바이주(白酒, 배갈)'도 수십 병은 족히 되는 데다가 두 차례나 산둥을 같이 여행한 바 있으니까.

세 번째 챙긴 것은 인천이라는 도시다. 가위 생면부지다시피 한 도시 인천에 발을 들인 인연은 인천문화재단의 지난번 대표이사를 지내신 최원식 교수께서 만들어 주었다. 평소 중국문학 판에서 동아시아 타령을 하고 다니던 유 모를 인천으로 불러들여 재단의 이사로 앉히면서, 짜장면을 새로 보게 되었고 화교에 실눈을 뜨게 되었는데, 거기에 새로 재단을 맡은 심갑섭 대표이사는 고교 10년 선배시니…… 재단의 이사회나 혹은 다른 핑계를 대고 인천 출입을 하면서 점차 이 도시의 사연이 정말 장난이 아니구나 하는 깨달음을 차차 얻게 된 거였다.

　그리하여 예전이라면 인연이 닿을 까닭이 없는 인천의 청학동 외국인 묘지를 서너 차례나 걸음을 해서 거기에 묻힌 하나 글로버라는 여인네가 나가사키 출신이며, 그녀의 어머니는 일본인 쓰루이며, 다른 일본 여인에게서 태어난 오빠인 토미 글로버는 구라바 토미사부로라는 일본 이름으로 개명한 영일(英日) 혼혈이며, 그의 아버지 토마스 블레이크 글로버는 일본 근대 조선업의 발판을 마련한 인물로 미쓰비시의 고문을 맡았으며, 아들인 토미는 미쓰비시의 창업자 이와사키 야타

로의 아들과 일본의 귀족들이 다니는 가쿠슈인 중학에 다니면서 이와사키의 집에서 기숙을 했으며, 나가사키에 블레이크 글로버가 세운 일본 최초의 조선소는 훗날 미쓰비시에 불하되었으며, 미쓰비시가 설립한 일본우선(郵船)주식회사는 훗날 미쓰비시 재벌의 모태가 되었으며, 그 일본우선주식회사 인천 지점의 바로 뒤에 자리 잡은 한국 최초의 호텔인 대불호텔을 지은 일본인 호리 히사타로 부자(父子)는 나가사키 출신이며, 대불호텔은 훗날 옌타이 출신의 라이(頼) 성을 가진 화교에게 매각되어 중화루라는 청요릿집으로 바뀌었으며, 그 중화루의 지금 사장이 다름 아닌 손덕준이라는 인물이라는 것을 알게 되었다.

말하자면 실타래에 구슬을 꿰듯이 '……이며'로 이어지는 링크를 떠올리면서 그 링크가 짜장면의 면발처럼 이어지는 공상을 해 온 것이 올해 내 머리통 속의 속내였다. 말하자면 '이야기'가 실타래처럼 풀려 나오는 모양새라고 할까. 이렇게 짜장면—손덕준—인천을 이은 다음 나가사키와 옌타이로 이었으니, 동북아 일대를 아우른 판을 노란 크레용으로 그린 그림이 대충은 나온 셈이다.

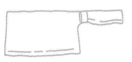

그러다 보니 짜장 욕심이라는 것이 생겼다. 그것은 이제 비로소 짜장면 서설을 쓸 수 있을지도 모르겠다는 감이다. 아니, 서설은 가당치 않고 서 '썰'을 긁을 수는 있겠다 싶은 게다. 애오라지 그 욕심이 '노추(老醜)'가 아니기를 빌밖에.

끝으로 이 보잘것없는 썰을 묶은 책이 나오기까지 산둥 왕복 여비를 뒷받침해 준 인천문화재단과 소중한 지면을 마련해 주신 경인일보에 감사드리고, 실무를 맡아 주신 시를 쓰는 이승욱 형, 평론을 하는 강경석 형, 그리고 기자의 맵짠 붓이 살아 있는 정진오 기자에게도 별도의 고마움을 전한다.

2009년 12월
유중하

차례

5부 그리고 산둥으로의 초대

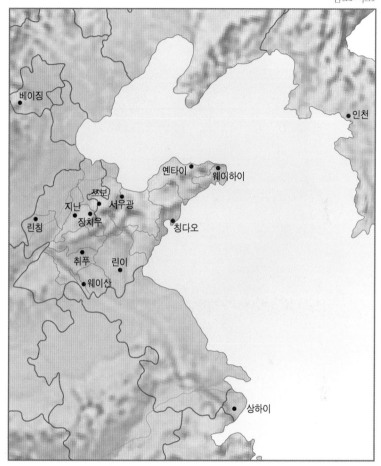

일러두기

- 이 책은 2009년 4월 10일부터 2009년 12월 25일까지 『경인일보』에 연재된 내용을 재편집, 수정하여 엮었습니다.
- '짜장면'처럼 우리말화한 특정 외래어는 우리식 발음으로, 그 밖의 중국어 고유명사들은 국립국어원의 외래어 표기법에 따라 표기하였습니다.
- 한자는 되도록 번체자로 썼지만, 부득이한 경우에는 중국어 간체자를 병기하였습니다.
- 저자 제공본 외에 이 책에 사용된 사진은 그 출처를 밝혔습니다. 저작권은 해당 출처에 있습니다.

사연 있는
짜장면의 출발

곱빼기가 아니라 세곱빼기라도

너끈히 먹을 수 있을 만치 그리웠다.

짜장면을 비벼 처음 입에 넣는 순간

목이 메던 기억이 지금도 생생하다.

내가
제일 맛있게
먹은
짜장면

사연과 인연이 있는 짜장면

　지금부터 약 10년 전쯤 되는가 보다. 11월 말 초겨울이던가. 대학로에 자리 잡은 한국문화예술위원회의 전신인 문예진흥원에 심사 자리가 있어 들렀다. 심사가 점심 직전에 끝나 자리를 파하고 나오는데, 같은 심사 테이블에 앉았던 중문과 원로 L교수께서 내게 물으셨다. "유 교수! 낮술 하나?" 느닷없는 하문(下問)이었다. 나는 잠시 뜸을 들이다가 "시각 불문, 주종 불문입니다"라고 대답을 했다. 술을 먹되 때를 가리지 않고 아울러 술의 종류도 가리지 않는다는 뜻이었다. L교수는 그런 대답을 하는 후배 교수가 기특했던 모양으로 흡족한 표정을 감추지 않고 앞장서서 건널목을 건너신다. 행선지는 길 건너 중국음식점 진아춘(進雅春).

　예전 진아춘은 서울대 문리대 학생들의 단골집이었다. 배갈(고량주)

이나 짜장면을 먹기 위해 잡힌 시계가 지금도 서울대박물관에서 주인을 기다리고 있다는 후문이 들릴 정도. 군만두에 짬뽕 국물이거나 혹시 아르바이트비를 받는 날이면 호기를 부려 탕수육에 잡채가 상에 올랐을 테다. L교수도 필시 학생 시절 시계 등속을 잡히고 배갈잔깨나 비운 경험이 없지 않을 거였다.

문을 열고 들어가 제일 안쪽 구석진 자리에 앉자마자 주문을 받으러 온 홀보이에게 L교수가 주문한 것은 "얼궈터우(이과두주) 작은 거 한 병, 간짜장 두 개"가 다였다. 홀보이가 다꾸앙과 양파를 테이블 위에 날라 오면서 빼빼 마른 파란 병에 담긴 얼궈터우의 마개를 따 주자 L교수가 쬐끄만 잔에 배갈 두 잔을 따르신다. 이어서는 군말 없이 잔질이다. 다시 이어서는 본 메뉴인 간짜장이 나오기 전 양파 한 점을 춘장에 찍어서……. 그 양파는 매운 맛이 톡하니 혀를 쏘는 느낌이 얼마나 정갈한가. 간짜장이 나오자 다시 한 잔씩. 물론 이른바 병권(瓶權)은 L교수께서 쥐고 계시고. 한 잔이 목젖으로 싸하니 넘어가고 간짜장을 비비기 전에 짜장에 볶은 고기 한 점이 젓가락을 통해 선생의 입안으로……. 그리고 나도 같은 동작. 그 다음에 비벼지는 간짜장. 다시 채워진 잔을 입에 털어 넣은 다음 그제야 짜장면 한 젓가락을 입으로 가져가시는 게다. 이미 얼궈터우 작은 병은 바닥이 보이기 시작했다.

그때 L교수께서 내게 다시 응수타진을 하신다. "각 일 병씩은 해야지?" "물론입니다." 내 대답이다. "여기, 이거 한 병 더요." 카운터를 향해 병을 들어 보이며 주문을 한 것은 나다. 그렇게 해서 우리는 대학로에 마로니에 잎이 떨어지는 그 11월 말 초겨울, 간짜장을 안주로 곁

짜장면에 얽힌 추억 한 자락쯤 누구나 있을 것이다. 사연과 인연이 있는 짜장면을 찾아 여행을 떠나려 한다.

들인 얼귀터우로 성찬을 나눈 바 있으니 이것이 내가 먹은 짜장면 중
제일 맛있는 짜장면이다.

두 번째 짜장면 장면은 강원도 양구 땅 내가 변방에 '수자리' 살러

간 그곳으로 옮아간다. 양구는 눈이 많이 오는 곳. 그 무렵 10월 1일 국군의 날이면 언 식기를 닦아야 했으며, 5월 5일 어린이날 운동회 때 눈발이 날리는 곳이었으니 말이다. 늦깎이로 군대에 간 나는 9월 말에 자대 배치를 받고 11월 초에 처음으로 고참과 함께 양구로 첫 외출을 나갔다. 그 며칠 새 눈이 하도 내려 졸병인 나는 아침부터 저녁까지 제설 작업을 나갔다가 저녁때 부대로 불려 들어가 고참과 함께 양구로 물품 구입차 나간 것. 양구 피엑스에서 뭔가를 샀고 이어서 부대로 들어가는 버스를 타려면 한 시간가량이 남았었겠지.

그때 고참이 내게 한 말이 이거였다. "야, 유 일병, 너 짜장면 먹고 싶지 않냐?" 그때 우리 두 육군 사병이 걷던 눈이 내린 양구 거리 바로 앞에 중국집이 있었으니. 순간 나는 정말이지 눈물이 흘러나왔다. 그 고참이 너무나 고마웠고 짜장면이 너무나 그리웠다. 곱빼기가 아니라 세곱빼기라도 너끈히 먹을 수 있을 만치 그리웠다. 짜장면을 비벼 처음 입에 넣는 순간 목이 메던 기억이 지금도 생생하다. 이것이 랭킹 2위의 짜장면이다.

양구에는 화교들이 경영하던 중국음식점이 두어 군데 있었고 몇 안 되는 중국음식점의 화교 자녀들을 위해 화교 소학교가 있었는데, 그 화교 학교 교사는 명문 타이완대학을 나온 처자였다. 연전에 들렀을 때 화교 학교는 없어졌었지……. 식당 홀 안의 테이블에 앉아 한자 습자를 하던 그 화교 아이들도 이제는 커서 어른이 되지 않았을까. 금년에는 양구에 꼭 한번 가 봐야 할 양이다.

이어서 세 번째는 중국 땅으로 무대를 옮긴다. 산둥성(山東省) 쯔보시(淄博市)에 들른 것이 2007년. 쯔보는 2001년에 이어 두 번째 길이다. 제나라 역사박물관에 들러 사진을 찍고 다시 쯔보로 돌아온 것은 땅거미가 지고 나서였다. 홀몸이니 저녁을 해결하고 여관을 잡아 피곤한 몸을 누이면 그만이었다. 저녁을 해결할 곳을 물색하던 차에 눈에 띈 곳이 바로 라오베이징자장몐(老北京炸醬麵), 곧 짜장면 집이었다. 산둥 땅에서 동이족 관계 유적지를 도느라 허저(河澤)니 지난(濟南)이 니 등등의 도시를 며칠째 돌던 터라 짜장면이라는 간판만 보고 눈이 번쩍 뜨인 건가. 고량주 반 근짜리 한 병에 두어 가지 술안주 그리고 빼놓을 수 없는 것이 짜장면, 그것도 북경식 짜장면이었다. 한국식 짜장면과 맛이 통한다면 통하고 다르다면 다른 짜장면에 곁들여 나온 숙주, 파를 가늘게 채친 것, 완두콩, 오이채 등을 넣고 거기에 다시 우리 짜장 고명보다 제법 짠맛이 나게 고기를 넣고 볶은 걸 올린 다음 비벼 먹으면서 속으로 '대용식'이라는 게 바로 이런 경우를 두고 이르는가 보다고 뇌까리고 있는데, 배낭에 카메라에 대번에 이방인 티를 내는 손님의 테이블로 젊은 주인장이 다가와서는 묻는다. "쩌이거 자장몐, 월 쩐머양?(이 짜장면 맛이 어때)" 내가 "하이커이 부추오(그런 대로 맛이 좋은데)"라고 하니 마침내 본색을 드러낸다. "비한궈 자장몐 껑하오츠, 두이부두이?(한국 짜장면보다 맛이 좋지, 그렇지)" 나는 짜장면 맛을 가지고 국제분쟁을 일으킬 심산은 없는지라 일언지하에 말을 잘랐다. "량 거, 부이양바(두 개가 맛이 다른 거야)."

그날 밤 잠자리에서 나는 꿈을 꾸고 있었다. '제1회 세계짜장면경진 대회'가 열리는 꿈이었다. 장소는 인천 차이나타운. 세계 도처에 한국인이 모여 사는 곳이면 있기 마련인 짜장면 집에서 대표선수들을 내보냈고, 거기에 더하여 본토인 중국에서도 출전했는데 중국 쪽 대표에는 쯔보에서 본 그 친구가 끼여 있는 게 아닌가. 나는 그 친구에게 다가가 손을 내밀며 말했다. "라오베이징자장몐의 그 '라오'는 한국에서도 마찬가지라네. 한국 사람도 짜장면에는 오랜 정이 들었거든. 짜장면이 한국의 100대 문화 상징에 선정되었어요. 그뿐 아니네. 몇 년 뒤에는 이곳 인천에 짜장면박물관이 들어선다네. 어때, 이만하면 우리도 '한

인천 차이나타운의 옛 공화춘 건물 자리에 지금은 짜장면박물관이 들어섰다.

짜장면' 하지?"

독자들이여, 짜장면에 중독된 짜장면 팬들이여. 짜장면 기행을 이런 '썰'로 출발하는 까닭은 다른 데 있지 않다. 칼로리나 영양가를 따지는 짜장면이 아니라 사연과 인연이 있는 짜장면을 찾아서 떠나려 하는 것이다. 그 길 도중에서 짠한 눈물 한 방울을 만나면 더불어 울고, 저절로 입가에 떠오르는 야릇한 미소를 만나면 그 미소를 짜장면에 함께 비벼 먹는 그런 여행이 되기를 비는 때문이다.

20세기
화교(華僑)에서
21세기
화교(華橋)로

21세기 글로벌 세력, 화교

짜장면 하면 빼놓을 수 없는 존재가 바로 화교다. 지금은 한국인들이 운영하는 중국음식점의 수가 이른바 화상(華商, 화교 출신 상인)들의 중국음식점 숫자보다 압도적으로 우세에 있는 것이 사실이지만, 짜장면에 감추어진 족적이나 애환을 살펴자면 화교의 역사를 외면하고는 어불성설이 되고 만다. 양복을 마름질하는 데 쓰는 가위, 머리를 손질하는 데 쓰는 칼 그리고 요리사의 칼을 가리켜 이른바 '싼바다오(三把刀)'라 부르거니와, 이들 세 자루의 칼을 지닌 채 화교들은 중국 땅을 등지고 해외로 향했다. 그 칼 가운데 중국의 먹성 좋은 음식 문화의 거대한 뿌리에 접맥되어 있는 것이 바로 요리사의 칼이다.

한 통계에 의하면 전 세계에 퍼져 나가 있는 화교의 수는 약 4,400만.

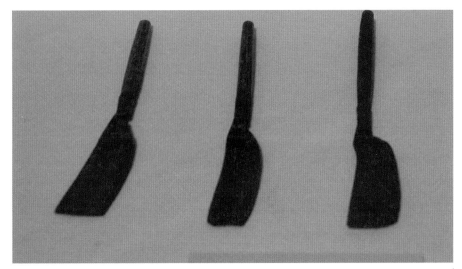

삭도. 짜장면박물관에 전시되어 있는 화교의 이발 도구다.

그들 대부분은 이른바 남방 화교로 광둥, 하이난, 푸젠 출신들이 대부분에, 상하이 인근의 닝보 출신이 더해져서 해외 화교의 주류를 이룬다. 이들 남방 화교들이 먼저 둥지를 튼 곳이 바로 동남아 일대였다.

제1회 세계화상대회를 개최하는 데 커다란 몫을 맡았던 리콴유가 수상으로 재직한 바 있는 싱가포르는 물론이고, 말레이시아, 태국, 인도네시아, 필리핀, 미얀마 등지의 화교들이 이들 남방 화교들이며, 이들 국가의 국부를 거의 남방 출신 화교들이 차지하고 있다고 해도 과언이 아니다. 따라서 이들 남방 화교를 보는 현지 원주민의 시선이 그리 고울 리가 없는 것도 사실이다.

산둥 화교를 새로 보자

하지만 현재 한반도에 거주하는 화교들은 사정이 다르다. 그들은 중국의 북방, 그것도 대부분 산둥 출신들이다. 산둥 출신 화교는 비공식 집계로 줄잡아 70만 내외. 전체 화교 숫자에 비하면 빙산의 일각이라고 할 수 있다. 거기에 현재 한국에 머무르고 있는 3만 미만의 화교 역시 그 산둥 화교 전체에 비하면 미미한 숫자다. 말하자면 전체 화교로 치자면 한반도 거주 화교의 비중은 그야말로 새 발의 피인 셈이다. 한반도 거주 화교들이 차지하고 있는 경제력은 더 말할 것도 없다. 향후 글로벌 경제 판도에서 유태인 자본과 맞먹을 힘으로 세력 신장이 예견되는 전체 화교의 경제력에 비하면 실로 존재조차 없다고 해야 옳다. 말하자면 무시할 만한 수치요, 눈여겨볼 가치가 없는 존재라고 여길 수도 있다. 하지만 과연 그럴까?

여기서 황해 바다 지도를 위에서 내려다보자. 인천에서 산둥반도의 웨이하이(威海)까지는 500여km에도 못 미친다. 주지하다시피 인천공항에서 보자면 제주도로 가는 항로보다 짧은 거리다. 글로벌 경제위기가 불어닥치기 이전에 옌타이(煙臺)나 웨이하이 그리고 칭다오(青島)로 가는 항공편은 언제나 만석에 가까운 황금노선이었다. 그 승객 대부분이 한국인임은 물론이다.

그런데 항로를 통한 이런 빈번한 출입과 관련된 사정은 기실 근자의 사정으로 볼 일은 아니다. 이를테면 개항 이전의 황해 바다는 어땠을까? 분단 이전 한반도와 산둥 반도는 훨씬 가까웠다. 우리 지도에서 가장 서쪽으로 튀어나온 장산곶에서 황해를 가로질러 산둥에 이르는 거리는 300여km에 지나지 않는다. 바람 불어 좋은 날, 황해 양안에서 배를 띄우면 하루면 그 황해 바다 가운데 아무데서나 만날 수 있었던 그런 거리다.

한중 수교 이후 황해를 통한 한중 교역이 2004년을 계기로 한미 간의 교역액을 넘어선 것도 아는 사람은 다 아는 사실이다. 요즘은 비록 세계적인 경제위기로 극심한 타격을 입고 있지만, 그럼에도 그 경제위기가 언젠가는 극복될 대상이라면, 그때 한반도의 인천과 산둥 간의 왕래는 지금의 규모보다 커지면 커졌지 줄어들 까닭이 없다고 보아야 한다.

여기서 이런 가정을 해 보자. 산둥성의 1억 인구가 만일 1인당 가처분 소득이 1만 달러에 이르렀다고 한다면? 1만 달러에 이르렀다는 것은 문화 소비를 시작함을 의미하고, 문화 소비가 시작되면서 문을 두드리는 것이 해외 관광이다. 지금 우리가 인천에서 옌타이와 웨이하이 그리고 칭다오로 가듯이, 그때는 산둥에서 인천으로 몰려올 것이라는 이야기다. 다만 한 가지 전제 조건이 있다. 먹을거리, 볼거리가 있어야 온다. 그때 한반도 혹은 인천의 화교는 어떤 존재들일까. 20세기 내내 짜장면을 만들고 중화요릿집 간판을 내걸고 짱깨, 짱꼴라라는 소리를 듣던 그 화교들일 것인가.

산둥의 자오둥요리에서 짜장면은 시작되었다. 그리고 한반도에 건너와 한반도화되었다.

21세기 한중 간의 가교=화교

중국의 오랜 언어 유희 가운데 같은 발음은 뜻이 통하게끔 하는 놀이가 있다. 이를테면 장이머우 감독의 영화 〈영웅〉에 등장하는 리렌제의 칼솜씨는 맹인 악사의 악기 반주에 맞추어 동작이 이루어진다. 칼춤인 것이다. 그때 칼춤은 무기의 무(武)와 춤의 무(舞)가 중국어로 '우'라는, 같은 성조에 같은 소리로 발음되는 데서 힌트를 얻은 것. 즉 武＝舞라는 등식은 중국적인 통용 방식인 셈이다. 여기서 힌트를 얻어 화교의 '僑'를 '橋'로 한다면? 산둥 출신 한반도 거주 화교가 산둥과 한반도를 잇는 다리(橋)가 된다면? 최근에 완성된 인천의 대역사(大役事) 인천대교는 인천의 랜드마크로 손색이 없을 것이다. 그런데 이 다리보다 더 큰 다리가 인천에 있다. 그것은 화교라는 다리다.

화교라는 존재가 바다 양쪽을 잇는 교량의 몫을 하는데 짜장면이 가만히 있을 수 없다. 짜장면은 원래 산둥의 옌타이 인근 자오둥(膠東)요리로부터 나왔지만, 한반도로 건너와서 한반도화되었다. 그 아이덴티티로 치자면 중국적인 것+한국적인 것=짜장면이 된 것이다. 이런 걸 두고 혼성, 곧 하이브리드라고 부른다. 그리고 이런 하이브리드야말로 21세기적인 것이라고 보아야 하지 않을까.

거기에 한 가지 더 추가하지 않으면 아니 될 사정이 또 있다. 한반도 거주 화교 남정네의 70%가 한국인 부인을 얻었다. 그들의 자녀들이 한국인인가 중국인인가를 따지고 든다면 국적의 문제로 되면서 20세기식이 된다. 그들의 아이덴티티는 한국이기도 하고 중국이기도 하다. 인천과 산둥을 잇는 21세기의 새 다리를 놓자. 21세기를 살아갈 화교 신세대들이 바로 그 다리의 몫을 맡을 세대이다. 아버지의 나라와 어머니의 나라를 잇는 그들이야말로 존재 자체가 바로 다리 아닌가?

끝으로 한 가지 더 추가하자. 우리가 재일 한국인 동포가 겪은 부당한 처사를 이야기하자면 우선 한국의 화교들에게 톨레랑스를 구해야 한다. 그래야 우리가 당당하게 입을 열 자격이 있는 것이다. 그것은 21세기로 하여금 과거의 잘못을 은폐하거나 시치미를 떼는 자들의 세기가 되지 않도록 하기 위해서다. 우리가 먼저 그들에게 용서를 구해야 하는 이유가 여기 있다. 그러고 나서 그들이 스스로 자신의 길을 찾아 나서도록 해 주어야 한다. 🖉

짜장면의
거대한
뿌리

짜장면의 직계 조상, 자오둥차이

짜장면은 어디에서 왔는가. 국내에 알려진 상식으로는, 일제강점기 항만과 철도 혹은 발전소 등의 노역에 종사하는 산둥 쿨리에게 제공하기 위해 산둥 출신 화교 요리사들이 만든 산둥의 고향 음식이라는 게 거의 전부라 할 수 있다. 하지만 이런 상식 수준으로 우리의 국민 음식 짜장면을 설명하려 든다면 그야말로 빙산의 일각을 본 것에 지나지 않는다.

현재 국내에 거주하는 화교 대부분이 산둥 출신이라고 하지만, 좀 더 자세히 살필 경우 실은 같은 산둥이라도 상당수가 자오둥 출신이라고 보아야 한다. 자오둥은 '자오저우(膠州)의 동쪽 지방'을 줄인 말로, 자오저우는 지금 칭다오 일대의 옛 지명이다. 그 자오둥에서 짜장면과 관련하여 중심이 되는 곳이 바로 지금의 옌타이다. 자오둥 일대의 음식을 가리켜 자오둥차이(膠東菜, 차이는 음식을 가리킴)라 부르거니와,

그 자오둥 일대에서 음식이 가장 발달한 곳이 바로 청나라 당시에는 푸산(福山), 곧 지금의 옌타이 일대다. 몇 가지 간략한 사실로 푸산의 실력을 살피자.

1) 명나라 말엽, 곧 만력제 당시 황실의 궁중 요리에 해삼, 전복, 상어 지느러미 등이 올랐다. 그 무렵 이른바 오늘날 전가복(全家福)이라 불리는 요리가 황제의 입맛을 사로잡았는데, 이 전가복의 발원지가 푸산이라는 설이 전해진다.

2) 청나라 말엽, 베이징의 이른바 팔대루(八大樓), 팔대거(八大居), 십대당(十大堂) 등 내로라하는 요릿집 주방장의 80~90%가 푸산 출신이었다. 베이징의 주방가에서는 푸산 사투리가 아니면 말이 통하지 않았다는 설도 있다.

3) 푸산요리의 판도는 중국에만 국한되는 것은 아니다. 지금의 미주, 유럽, 일본 심지어는 대양주, 아프리카에 이르기까지 푸산 출신으로 중국음식점을 낸 곳이 물경 6,000여 군데에 이른다고 한다. 한국의 중국음식점 가운데 많은 수가 푸산 일대 출신이며, 범위를 넓히면 자오둥 출신들이다.

요리의 달인 강태공

그런데 이걸로 짜장면의 뿌리 찾기가 끝났다고 생각하면 큰 오산이다. 이 푸산요리의 배경을 이루는 것이 별도로 있는 것이다. 자오둥 일대는 옛적 춘추시대 무렵 제나라였다. 주나라의 무왕이 강태공에게 준 제후국이다. 강태공은 지금의 르자오(日照) 출신으로 낚시로 천하를 낚은 인물. 우리가 지금도 낚시를 즐기는 이들을 가리켜 강태공이라는 별호를 부여하는 것이 바로 이 강태공에서 기원한다. 그가 낚시를 즐긴 것은 무엇을 말하는가. 전설에 의하면 그는 요리의 달인이었다고 한다. 다시 말해 낚시로 잡은 물고기를 직접 조리했다는 말이다.

그런 그를 주나라 무왕이 제후로 봉하면서 제나라에서 '어염지리(魚鹽之利)'를 살피라는 주문을 했다. 물고기와 소금의 이점을 살펴 나라를 다스리라는 것이다. 풍부한 해산물과 소금은 자오둥 일대 바닷가의 특산물이었던 것. 특히 옌타이 일대의 해삼은 츠선(刺蔘), 곧 돌기가 가시〔刺〕처럼 딱딱한 해삼으로 유명하다. 수온이 높은 물에서 자란 남방의 해삼과 질이 다른 해삼으로, 그것을 주원료로 하는 일품요리 '전가복'이 나온 것이다. 기왕에 전가복 이야기가 나왔으니 전복 이야기를 빼놓을 수 없거니와, 그 전복을 키우는 집안 출신이 바로 '관포지교'의 포숙(鮑叔)이다. 그 성인 鮑가 바로 '전복 포' 자다. 그 글자가 재미있다. '鮑＝껍질로 싸여 있는〔包〕＋물고기〔魚〕'인 셈이다. 전복의 생김새를 그린 그림이 떠오르지 않는가. 포숙의 조상은 필시 전복을 따서 생계를 유지한 어부였던 모양이다.

공자 가문의 요리,
『금병매』의 메뉴도 짜장면의 조상이다

기왕에 한자 이야기가 나왔으니 산둥성 제나라의 옆 동네인 노나라로 가 보자. 공자의 사당과 묘가 자리 잡고 있는 취푸가 옛적 노나라의 도읍이었다. 노나라 역시 한자 풀이로 풀면 뜻이 명쾌해진다. 魯＝魚＋甘이라는 방정식이 감추어져 있는 것이다. 다시 말해 물고기 맛이 좋은 나라라는 뜻. 鮑와 魯에 모두 물고기가 들어 있지 않은가. 하지만 노나라 일대의 물고기는 바다 생선이 아니었다. 그것은 황하의 뻘을 먹고 자란 잉어였다. 잉어는 제일 오래 사는 민물고기로 만이다. 그 잉어를 가리켜 만이라는 뜻을 가진 '백'을 붙여 백어(伯魚)라 부른다. 이 백어는 그런데 사람의 이름이기도 하다. 누구인가? 공자의 아들이다.

중요한 점은 공자의 집안, 곧 공부(孔府)야말로 산둥요리의 또 다른 본산이라는 점이다. 한나라 이후 유가가 중국을 다스리는 지도사상이 되면서 공자는 성인으로 추앙받았고, 그 후손들의 지위는 천자의 다음 자리인 왕의 대접을 받았다. 그런 명문의 집안에 시집온 며느리들이 하나같이 지참하고 온 것이 바로 친정의 내로라하는 명품 요리의 레시피였으니, 공부는 중국 전역 명문 가정의 레시피 총집결지였다고 해도 과언이 아니다.

이런 레시피 말고 식기 세트를 지참하고 시집온 것이 바로 중국의 천자 가운데 가장 정력적인 대왕인 건륭제의 딸이다. 건륭제는 만주족이 세운 청나라 왕조의 천자로 천자 노릇을 장장 60년 동안 하다가 아들에게 물려준, 장수를 누리되 5대 현손까지 본 절륜한 정력의 소유자였다. 그 딸이 공씨 집안에 시집오면서 가지고 온 것이 바로 '만한전석(滿漢全席)', 곧 만주족의 요리와 한족의 요리를 한 상에 집대성한 세트 메뉴를 담아내는 식기 세트였다. 그 만한전석 역시 루차이(魯菜)의 주요한 기원을 이룬다.

루차이를 받치는 또 하나의 기둥은 흔히 '에로 소설'로 알려진 『금병매(金瓶梅)』에 기록된 요리. 주인공 서문경이 즐겨 먹던 그 메뉴가 『금병매식보(金瓶梅食譜)』라는 책으로 최근 복원되었는데, 흥미로운 점은 그 금병매 요리를 복원하기 위해 세계금병매학회가 열렸으며, 거기서 요리를 통해 본 명나라의 사회상이 발표되기도 했다. 예컨대 경양강에서 호랑이를 때려잡은 천하장사 무송의 형인 무대가 팔던 떡 이름이 본래 '정빙(蒸餅)'이었는데 그 가운데 '정' 자가 당시 임금인 송나라 인종의 이름인 정(禎)과 같은 발음이라는 이유로 그 글자를 피해 '추이빙(炊餅)'으로 이름을 바꾸었다는 사정 등등도 읽을 거리다.

옌타이는 인천의 거울

여기서 푸산요리로 다시 돌아가자. 우리 짜장면의 직계 조상인 푸산요리가 흥성하게 된 데는 개항이 주요한 몫을 담당한다. 옌타이의 개항은 1861년으로 인천보다 20여 년 앞선다. 제물포가 한낱 어촌이었을 무렵 옌타이에는 십여 개국의 영사관, 우체국, 은행

만한전석. 만주족과 한족의 요리를 집대성한 매우 호화로운 상차림이다.
(사진: Wikimedia Commons, by Cara Chow ⓕⓒ)

등이 자리 잡고 있었다. 서양인들은 중국인 요리사들의 요리에 매료되었으며, 거기서 자연스럽게 요릿집들이 생겨나면서 개항 특수를 맞는다. 인천의 사정과 다르지 않은, 다시 말해 인천의 거울이 옌타이기도 한 것이다. 인천에서 돈놀이를 하던 중국인 방판 우리탕(吳禮堂)이 인천의 외교구락부에서 그의 서양인 아내와 추던 탱고는 이미 옌타이에서 유행했던 춤이었다. 그 무렵 옌타이와 인천을 이어서 보지 않으면 짜장면의 비밀은 밝혀지지 않는다.

  이제 우리는 황해 바다 위로 난 그 길을 배를 타고 건널 것이다. 옛적 화교들이 황해를 배로 오갔듯이. 비행기는 '아니올시다'다. 위동 페리 선상에서 포말이 부서지는 황해 바다 위에 고량주 한 잔을 부어 옛 영혼들을 달래야 마땅하겠기 때문이다. 🖉

2부

짜장면,
끝없는 이야기 타래

자신의 고향, 아니 실은
아버지의 고향을
20년 전 처음 찾았을 때,
질척거리던 그 초행길은
지금보다 얼마나 더했으랴.
황해 바다가 만일 짜다면 필시 그건
고향을 밟지 못한 이들의 눈물도
한몫을 했을 테다.

황해 바다
위에서
지낸
제사

웨이하이행 페리를 타다

짜장면의 고향인 산둥 땅 일대를 둘러보기 위해 웨이하이행 위동 페리에 오른 것은 2009년 4월 18일. 중국으로 가면서 배편을 이용한 것이 이번이 네 번째인가 보다. 1992년과 1994년에 학생들 어학연수를 인솔한답시고 톈진행 배편을 이용한 것이 두 차례이고, 세 번째는 지난번 연구년을 마치면서 2002년 칭다오에서 인천으로 가족들과 귀국길에 배편을 이용했었다. 세 번째 칭다오항을 떠날 때 황해 바다 위로 떨어지는 낙조를 보면서 아이들은 얼마나 신기해했던가. 그리고 이튿날 새벽 일출은 또 어떻고. 서울에 사노라면 결코 맛볼 수 없는 장관을 하루 동안 두 장면이나 연출해 주는 배편 여행을 하면서 다음에도 중국을 드나들 일이 있으면 배를 이용하리라 마음먹은 것이 엊그제 같은데, 지난 몇 해 배편을 이용할 짬을 내는 데는 실패하고 말았으니……. 하여 이번에는 기필코 배를 타고 가리라 하고 달포 전부터 작정을 해 오던 터였다. 게다가 이번 산둥 나들이는 문자 그대로 화교들의 '징한' 애사(哀史)를 몸으로 감수할 심산도 없지 않았으니 황해 바다 위에 그들이 흘린 눈물과 피를 내 몸으로 조금이라도 느끼고자 한다면 미상불 배편을 이용하는 것이 백번 옳은 처사인 게다.

더군다나 이번 뱃길 여행에 벗 삼아 동행한 이가 인천화교협회 부회장으로 일하면서 차이나타운 일대에 중화요릿집 세 곳을 경영하는, 명함을 보니 근자에는 인천관광협회 부회장이라는 직함도 새기고 다니는, 말이 난 김에 더욱 소개의 지면을 할애하자면 이름을 검색하노라면 인천의 어느 화교보다도 이름을 많이 '팔고' 있는 인물인 손덕준 회장이고 보니 한중 간의 '선상(船上) 정담'이 경우에 따라서는 더욱 그럴싸하지 말란 법도 없는 것이다.

차이나타운에 자리 잡은 손 회장의 태화원에서 그 집 승용차를 타고 몇 년 만에 인천국제여객터미널에 당도하여 표를 끊고 바깥 벤치에 앉아 담배를 피워 무는데, 저편으로 시꺼먼 여행용 가방 보따리를 바리바리 쌓아 둔 행렬이 눈에 들어온다. 한눈에 보아도 알 수 있는 사람들이다. 말하자면 배편으로 오가면서 한중 간의 시세 차이를 이용해서 방물을 파는 국제 방물 장사꾼들인 것이다. 세관 당국이 어떻게 보든 내 눈에는 안쓰러운 분들이 아닐 수 없다. 저 안에는 우리 동포인 조선족과 산둥 일대의 중국인들이 대부분일 터인데, 최근 몰아닥친 글로벌 경제위기 탓으로 저들도 경기가 좋을 까닭이 없는 것이다.

배에 올라 2인짜리 선실에 짐을 내리니 곧바로 저녁 식사 시간이다.

한국식 비빔밥으로 저녁을 해결하고 나오는데 손 회장이 앞장을 서더니 편의점으로 가서는 종이팩 소주 여섯 개, 맥주 큰 병 두 병에 마른 안주를 골라 주섬주섬 봉지에 담고는 "우선 이걸로 해 보고 모자라면 다시 오죠 뭐"라고 말하며 계산을 치른다. 그와 나는 한 살 차이. 내가 손위랍시고 깍듯이 "유 교수님" 하면서 대접을 해 주는데 여간 불편치 않다. 누가 먼저 죽을지 어찌 아는가 하면서 나는 술자리에서는 대충 서로 높임말을 쓰지 말고 '개기기'로 제안을 일찌감치 해 둔 바가 있건만, 아직은 술 시각이 아니라 여전히 말을 높인다.

인천국제여객터미널에서 줄을 서서 기다리는 국제 방물 장사꾼들.
저들의 선배들 가운데 아마 한국에 건너온 화교들도 포함되어 있을 것이다.

이튿날 아침 선상에서 본 웨이하이 시 전경.
가운데 네모진 건물은 한자 門을 본떠 설계했다. 문을 연, 개방된 도시라는 뜻이다.

나는 어떤 인연으로 손덕준이라는 인간, 인천 출신 한 화교 사내를 만나 이렇게 배를 타고 황해 바다를 건너게 되었는가. 재직하고 있는 학교의 한 연구소에서 학술발표회를 빙자해서 '화교와 짜장면'인가 하는 '해괴한' 주제를 놓고 벌인 판에 그를 발표자로 모신 것이 2006년의 일이다. 그러다가 2007년에는 한중 수교 15주년을 맞아 정부 모 부서에서 한중 작가 교류를 해 보자고 제안을 한 것이 받아들여져 한국의 작가들과 베이징과 상하이 등지를 돌아다니면서 떠올린 것이 '한중 수교 20주년에는 뭘 하지?'라는 물음이었고, 그러다가 문득 화교를 주제로 다루는 것도 괜찮겠다는 생각이 들어 2009년부터 그야말로 '준비된'이라는 말에 명실이 상부하리라는 심산을 하면서 다시 손 회장과 만나게 된 것이다. 그동안 화교 관계 자료를 보고 인천과 산둥 땅을 드나든 지 벌써 대여섯 학기쯤 된다.

"말두 말아요", 산둥 출신 화교들의 애환

위동 페리의 2인용 2등 선실은 여간 오붓하지 않아서 술잔을 나누며 옛 이야기를 나누기에는 이보다 나은 자리가 있을 성싶지 않을 정도. 위동 페리가 창밖으로 인천의 불빛들을 뒤로하는 시각, 우리는 이미 팩소주 각 한 개를 비우고 다시 종이컵에 새 팩소주를 따르고 있었고, 입심 좋고 기억력 비상한 손 회장이 '썰' 보따리를 풀기 시작한다. 그의 구수한 입담이야말로 내가 반한 점이기도 하다. 그의 입에서 '썰'이 나오게 수도꼭지를 이따금씩 틀어 주는 몫을 하면 그뿐.

중간중간 징한 이야기가 나오면 눈시울을 적시는 몫을 담당하면 된다. 말하자면 판소리로 치면 그는 창을 하는 소리꾼이요, 나는 박자를 넣는 고수인 셈이다.

"페리를 처음 탄 게 언제죠?" "말두 말아요. 나, 위동 페리 처음 배를 띄우던 바로 그날 배를 탄 사람이에요. 우리 아버지가 이산가족이에요. 고향에 가족을 두고 온 사람이란 말이에요. 돌아가기 전 8년을 자리에 누워 우리 어머니가 대소변을 받아냈죠. 말두 말아요, 그때 생각만 하면…… . 근데 우리 아버지가 자리에 누워서는 우리 8남매한테 밤낮 고향에 한번 가 보고 죽었으면 소원이 없겠다고 하는 거예요. 그래서 그 고향이 뭐길래 그렇게 고향 타령을 하는가 궁금해서 견딜 수가 있어야죠. 그래서 첫 배가 떠나는 날 기를 쓰고 타고 갔죠." 이어서 소주 한 모금씩은 숨을 가다듬기 위한 호흡 조정용. "그렇지, 그게 지금부터 20년 전인가…… , 1990년이니까 벌써 19년 됐네그래."

이번 산둥행에는 주요한 코스로 손 회장의 고향인 쑨자탄(孫家灘), 옌타이 인근 무핑(牟平) 출신인 그의 발음을 그대로 빌리면 '숭갸탄'도 들어 있다. "지금 시절이 좋으니까 이런 얘기 막 하지 옛날에는 쉬쉬했죠. 대단한 모험이었어요. 타이완 패스포트를 가지고 갔으니까" 하면서 그가 자신의 타이완 국적 여권과 중화인민공화국 출입증을 함께 보여 준다. 산둥 출신 화교들은 6·25 이후 이중의 이데올로기 장벽을 겪어야 했다. 그들은 우리의 분단은 물론 중국의 양안, 곧 대륙과 타이완이라는 장벽을 겹으로 겪으며 살아야 했던 것이라 보면 그리 틀리지 않는다.

밤이 깊어지면서 어느새 소주는 한 팩을 남기고 있었고, 우리는 남은 소주와 안주를 챙겨 갑판으로 나왔다. 선미로 포말이 부서지는 황해 바다 위를 굽어보면서 그 바다 위를 건너왔다가 결국은 고향 땅을 밟지 못하고 세상을 떠난 영혼을 위해 한 많은 바다 위에 소주를 뿌렸다. '상향(尚饗)'.

웨이하이의
백 년 된
춘장
공장

묵은 장의 깊은 맛

인천을 출발한 위동 페리가 웨이하이항에 도착한 것은 이튿날인 4월 19일 오전 9시. 열네 시간 뱃길이다. 날씨는 흐려서 비가 올 듯하니 일출 감상은 자연스럽게 포기다. 웨이하이에 들른 것이 벌써 대여섯 차례는 되는지라 부두 일대가 낯설지 않다. 손덕준 회장의 웨이하이 친구들이 부두로 차를 보내 마중을 나왔다. 손 회장 말로 웨이하이는 자신의 '구역'이란다. "말두 말아요. 20년 전 처음 여기 배를 내렸는데, 이 부둣가 근처에 3층 이상 되는 건물이 하나도 없더라구요." 상전벽해(桑田碧海)가 따로 없는 것이다.

호텔로 향하는 차 안에서 마중 나온 손 회장의 종씨인 손 부국장에게 물었다. "웨이하이에 한국인이 얼마나 되나?" "대략 2만에서 5만 사이다." 시내 인구가 약 80만이라니 한국인이 점하는 비율이 적다. '2만에서

5만 사이'라면 3만은 그야말로 유동인구라는 이야기. 출입이 빈번하다는 말이다. 웨이하이에서 좀 떨어진 스다오(石島)에 신라인 장보고의 발자취를 새긴 법화원 장보고기념관에만 연중 몇 만의 관광객이 들른단다.

나는 작년 장보고기념관에서 산 최인호의 소설 『해신』의 중국어 번역본을 떠올리면서 『해신』이 20세기 버전이라는 생각을 했다. 드라마와 소설이 공히 장보고를 국내인으로 가두고 만 것이다. 일본인 승려 엔닌(圓仁)이 산둥에서 일본 땅으로 돌아갈 때 장보고가 신라인들을 엔닌 일행의 배에 태워 길 안내와 통역을 돕게 하는 등 그들이 주고받은 국제적 우의(友誼)야말로 새로운 버전일 터인데……. 언젠가는 장보고도 새로 빚어져야 하는 것이다. 종래의 한국판에서 새로 쓰고 새로 만들면 동아시아판이 되지 않는가. 문제는 판을 새로 짜는 일이다. 동아시아판. 그 판도가 없이는 우리는 21세기를 맞이하지 못한다.

호텔에 짐을 풀고 나니 오전 10시. 오전에는 웨이하이에 자리 잡은 춘장 공장을 방문하기로 스케줄이 잡혀 있다. 그리고 점심에는 베이징에서 날아온 부산 해양대학교의 김태만 교수가 합류할 예정. 김 교수는 부산 화교와 관계를 트고 지낸 지 제법 오래인 중국 현대문학 쪽 후배 교수다. 10시 30분, 마중 나온 손 부국장의 안내로 찾은 곳이 쓰하이(四海)양조공사. 일요일인데 한국에서 짜장면을 취재하기 위해 방문을 한다고 해서 일부러 왕씨 성을 가진 부사장이 나와 맞아 준다.

늘 그렇듯이 차를 따라 주고 난 다음 담배를 권하는 순서. 중국 담배와 한국 담배가 서로 교환된다. 옛날 황해 바다 뱃머리 위에서 뱃사람들도 그랬을 것이다. 사내들끼리 담배 나누어 피우며 말문이 열리기 시작하는 것이다. 왕 부사장이 나누어 준 책자를 얼핏 보니 '바이녠 라오쯔하오(百年 老字號)'라는 문구가 눈에 들어온다. '老字號'란 오래되어 믿어도 좋은 브랜드라는 뜻. 쓰하이 춘장 공장이 회사를 처음 차린 것이 1908년이란다. 2008년에 100년을 맞으면서 산둥성 정부가 '百年 老字號'라는 칭호를 부여한 것이다. 장치고는 꽤 묵은 장이다. 해외로 나간 화교 교민들은 거주국에서 반입을 금지하는 그 장맛을 못 잊어 춘장을 종잇장처럼 얇게 말려서 책 사이에 넣고 가져가서 먹었단다. 묵은 장의 깊은 맛. 그 맛은 우리 입에 불인두보다 센 힘을 발휘한다. 그 맛에 길들여지면 거기서 헤어나지 못하는 법이다. 고향이나 어머니 같은 존재가 아닌가. 어쩌면 100년 전쯤, 인천에서 춘장을 만들기 전에 이 쓰하이 공장에서 만든 춘장이 황해 바다를 건너 인천으로 건너오기도 했으리라.

이어서 전시실을 보여 주는데, 생산 제품에는 우리가 흔히 춘장이라 부르는 톈몐장(甛面醬)을 위시해서 우리의 된장, 고추장, 김치, 새우젓 등도 진열대에 올려져 있고, 심지어는 쌈장도 있다. 한국의 여러 장이 중국에서 만들어져 한국으로 수출되는 시절이 바로 21세기인가. 동선이 겹으로 복잡해진 건 장류만이 아닐 게다.

춘장과 파의 결합

다음은 공장 시찰. 사무실 뒤편으로 가 보니 널따란 공터에 커다란 독들이 줄지어 늘어서 있고 독 안에는 쌀을 발효시키는

세운 지 백 년이 넘은 쓰하이 춘장 공장에서 한국으로 수출되는 김치, 된장, 고추장까지 볼 수 있었다.

중이다. 이 발효라는 것의 정체는 뭔가. 인간은 왜 발효를 시켜서 먹는가. 효모(酵母)의 효에는 왜 '孝'가 들어 있으며 모는 왜 '母'인가. 어미에게 효를 다한다는 인간의 도리가 음식 만드는 비법에 적용된다는 말인가. 그 옆으로는 제법 큰 건물의 지붕이 온통 유리로 덮여 있다. 왕부사장이 말을 잇는다. "저 천연의 태양광을 받아 춘장이 맛을 내게 됩니다." 태양광을 이용한 천연 춘장을 고집한다는 거다. 그리고 보니 산둥은 비가 적고 일조량이 많은 고장이다. 그래서 과일이 잘되고 맛도 좋다.

점심에는 손 회장의 친구인 취(曲) 서기가 '칭커(請客, 손님 접대)'를 했다. 짧은 머리에 훤칠한 키, 부리부리한 눈, 외모가 벌써 산둥다한쯔(山東大漢子), 곧 소설 『수호전』에 등장하는 캐릭터인 것이다. 차를 타고 당도한 곳은 바다가 앞으로 훤히 내려다보이는 바이윈빈관(白雲賓館). 베이징에서 날아온 김태만 교수와 부산 시민사회연구원의 나종만 원장이 합류, 우리 일행 4명과 웨이하이 모 부서의 취 서기 그리고 우리를 마중 나온 손 부국장, 여섯의 점심 자리. 산둥의 손님 접대 테이블은 자리를 잡는 데도 위계질서가 엄격해서 그걸 위반하면 큰 결례다. 제1 호스트가 제일 안쪽 중앙, 제2 호스트는 그 반대편의 바깥쪽 가운데 자리이고 제1 호스트의 오른편 자리가 주빈 등등.

그런 건 다 좋은데 문제는 술이다. 산둥에 가면 '술 고문'을 배겨 낼 각오를 해야 한다는 것은 아는 사람은 다 아는 사실. 잔도 결코 '샤오베이쯔(小杯子, 작은 잔)'가 아니라 '다베이쯔(大杯子, 큰 잔)'다. 산둥인들은 '다(大)'를 좋아한다. 산둥다한쯔에서 다베이쯔를 지나 다만터우

(大饅頭, 큰 만두), 다완(大碗, 큰 사발)을 거쳐, 심지어 파나 마늘도 다총 (大蔥, 큰 파)이요 다쑤안(大蒜, 큰 마늘)이다. 말하자면 쩨쩨하게 굴거나 시시하게 놀면 금세 눈 밖에 난다. 그중에서 제일이 다베이쯔. 그것도 단숨에 들이켜는 간베이(乾杯, 건배)다. 그날 점심도 그렇게 시작하려 는가 하면서 잔뜩 긴장을 하는데 호스트가 사정을 봐준다. 간베이가

숙성고에서 익고 있는 춘장. 짙은 갈색이 우리 춘장하고 비슷하지만 색은 좀 옅은 편이다.

고기를 넣은 볶은 짜장에 파를 찍는 모습. 손 모델은 김태만 교수. 영화 〈북경반점〉에서
조리하는 손 모델을 맡은 이는 손덕준 회장이었다.

아니라 쑤이이(隨意, 마시는 사람이 마시고 싶은 대로)다. 왜냐, 저녁때 본
격적 '고문'이 있을 예정이니까 낮에는 사정을 봐준다는 것.

순배가 돌면서 화제는 쓰하이 춘장 공장에 갔다 온 이야기로 넘어갔
다. 그런데 김태만 교수가 불쑥 내뱉는다. "야, 이거는 한국하고 똑같
네!" 뭔가 하고 보니 식탁의 좐반(轉盤, 식탁 한가운데 빙빙 도는 작은 유리
테이블)에 파와 춘장이 올려져 있는 것이다. 춘장과 파의 결합. 이건 무
슨 관계인가. 한국의 중국음식점에서 양파와 춘장은 결코 빼놓을 수 없
는 것. 이게 숙제가 될 성부르다. 이번 여행에서 이 숙제를 풀면 춘장의
비밀을 한 껍질 벗겨 낼 수 있지 않을까. 마치 양파처럼. 🖊

타이베이샤오청
그리고
짜장면의 귀국
혹은 재이민

중국으로 간 한국식 중화요리

　　산둥으로 출발하기 전 사전 조사를 한답시고 이리저리 인터넷 서핑을 하다가 위동 페리 홈페이지에 들어갔다. 웨이하이 방면의 여행 관계 사진을 뒤지는데 거기서 사진 한 장이 눈길을 끈다. '한국식 중국음식점 태화반점'이라는 간판 사진이다. '태화'라는 이름은 산둥에 동행한 손덕준 회장이 인천 차이나타운에서 경영하는 중국음식점 상호다. 하여 손 회장에게 그 말을 했더니 "그래요? 나도 첨 들어 보는데 조사를 해 봐야겠네" 하더니, 며칠 뒤 전화 통화에서 "아, 그 집요, 벌써 없어졌대요. 그 대신 다른 집을 가 보죠 뭐" 한다. 여기서 다른 집이란 물론 웨이하이에서 한국식 짜장면을 파는 음식점을 말한다.

　　점심 식사를 마친 뒤 숙소인 호텔로 돌아오는 길에 뒷골목으로 들어서니 간판이 그야말로 '기괴'하다. 중국 상호 밑에 한국 상호를 적은 간판들이 부지기수. 점심 먹으면서 취 서기에게서 들은 이야기가 생각 났다. 웨이하이TV에서 〈韓國人在威海(웨이하이의 한국인)〉이라는 드라 마를 제작 중인데 곧 방영 예정이라는 것이다. 그것도 50부작의 대작 이다. 또 중국에서 매출 1위를 올리고 있는 '싼싱(三星, 삼성)' 모니터 의 공장도 웨이하이에 있다. 웨이하이 시의 경제 전체에서 한국의 몫 은 단연 엄지손가락을 꼽아야 하는 것. 그 이야기를 들으면서 나는 속 으로 그렇다면 우리는 〈인천의 중국인〉이라는 드라마를 만들면 어디 가 어떻게 되는가 하는 생각을 하고 있었다. 웨이하이의 한국인이 지 금 웨이하이 시 경제에 미치는 영향력이 막강한 것이 사실이지만, 인

웨이하이에서는 중국어와 한국어가 함께 쓰인 간판을 쉽게 볼 수 있다.

천의 화교는 적어도 100년을 넘는 역사를 가지고 있으니 얼마나 이야깃거리가 많을쏜가. 그리고 앞으로는 어떻게 될 것인가. 산둥 인구 1억이 만일 1인당 가처분 소득 1만 달러에 도달하는 시절이 멀지 않다면 그때는 위동 페리가 진짜 카페리가 될 것이고⋯⋯.

"저쪽으로 가 보자구요." 손 회장이 가리키는 대로 신호등을 몇 개 건너 공사판이 벌어진 골목에 들어서니 타이베이샤오청(台北小城)이라는 간판이 눈에 들어온다. 타이베이는 타이완의 수도가 아닌가. 웨이하이에 타이완의 수도 타이베이의 이름을 상호에 내건 데서 냄새가 난다. 필시 타이완 국적을 가진 한국 화교가 경영하는 음식점일 테다.

2층에 자리를 잡으려는데 나이가 지긋한 사내가 손 회장과 인사를 나눈다. 구면인 모양이다. 같은 화교인 왕립화 씨. 점심을 그야말로 산해진미로 배가 터지도록 먹었건만 식당에 들어와서 음식을 주문하지 않을 수 없고, 또 웨이하이 시의 한국식 짜장면 맛도 보아야 하는 것이 이번 여행길의 숙제인지라 일행 넷이 주문한 메뉴는 짜장면, 짬뽕, 탕수육. 한국의 중국음식점 메뉴 가운데 대표선수들이다. 왕립화 씨를 자리로 모시자 서슴없이 자리에 합석한다.

화교 2세로 부친은 다롄(大連) 출신이며 모친은 펑라이(蓬萊) 출신이란다. 타이베이샤오청은 작은아버지뻘 되는 분의 자제가 경영하는 음식점으로 거기서 자신은 조리 고문의 몫을 맡고 있다고. 왕 씨는 롯데호텔과 힐튼호텔 중식부를 거친 중국요리계의 달인 가운데 일인. 그 자리에 중화요리 분야의 두 달인이 함께한 셈이다. 손 회장이 나이로 손위인 왕 씨를 가리켜 선배님이라고 깍듯이 대접을 하자 왕 씨는 손 회장의 요리 솜씨를 치켜세워 준다.

　음식이 나오고 일동 시식. 배가 부르건만 역시 솜씨가 여간이 아니다. 특히 탕수육은 튀김 솜씨와 끼얹은 소스의 달고 새콤한 맛이 동네 중국집과는 차원이 달라도 한참 다르다. 호텔 중식부를 거친 솜씨인 게다. 내가 물었다. "이 짜장면 춘장은 사자표입니까?" 그런데 왕 씨가 손사래를 치면서 한국말로 "죄송하지만 그건 말씀드릴 수가 없는데요"라고 한다. 그렇다. 영업비밀을 물은 것이다. 그것도 초면에. 그 계통에 종사하는 사람이라면 그게 반칙이라는 것을 알 텐데 초심자 티를 낸 것이다.

　이어지는 질문으로 손님 가운데 한국인 교민과 중국인의 비율을 묻자, 그건 시원스런 대답을 들려준다. "대략 3단계로 나눌 수 있죠. 장사를 시작하던 처음에는 한국 교민 90% 현지 중국인 10%였다가, 두 번째 단계는 한국 교민 80% 현지 중국인 20%였는데, 지금은 그 수가 반대예요." 무슨 말인가. 근자에는 인근의 한국 교민이 20% 정도이고 나머지는 현지 중국인들이 대부분이라는 거다. 그냥 중국요리 혹은 산둥요리가 아니라 한국식 중화요리가 중국인들에게 그야말로 먹히고 있는 모양새인가.

짜장면과 다꾸앙의 찰떡궁합

　　　　식탁에 한국처럼 조그만 접시에 양파와 다꾸앙 그리고 우리가 흔히 자차이라고 부르는 반찬들과 더불어 춘장이 올라 있는

왕립화 씨가 조리 고문으로 있는 타이베이샤오청. 간판에 한자와 한글이 사이좋게 어우러져 있다.

걸 보고 김태만 교수가 묻는다. "이 다꾸앙을 중국인들도 즐겨 먹습니까?" 왕 씨의 대답이 이랬다. "아무래도 젓가락이 제일 덜 간다고 봐야죠." 이른바 짜장면에 곁들여 먹는 반찬에도 '궈칭(國情)', 곧 나라마다 사정이 다른가 보다.

나는 그 순간 이런 상상을 하고 있었다. '우리 중국음식점에서 어느 날 갑자기 다꾸앙을 곁들여 내는 것을 국법으로 금한다면……. 그건 짜장면이라는 메뉴에 결정적인 타격을 주지 않겠는가. 짜장면에 새콤하고 삽상한 다꾸앙이 곁들여지지 않는다면 자칫 느끼해지기 십상이렷다. 짜장면과 다꾸앙이야말로 찰떡궁합인데……. 아직 그 맛으로 길이 나지 않은 모양이라니……' 하면서 나는 속으로 다시 '한국의 중국음식점 테이블 위에 중국 원산의 짜장면과 일본의 다꾸앙으로 음식 궁합을 맞춘 이 기술이야말로 진짜 기술인데……. 이 기술을 잘 활용하면 동북아라는 판도가 다시 짜일 수도 있을 터인데……' 하고 되뇌고 있었다.

그날 저녁에는 아니나 다를까, 예상하던 대로 한중 양국 간의 술 전쟁이 벌어졌다. 웨이하이 시에서 한다 하는 간부들 5인 대 한국인 4인이 바이주로 대전을 벌인 것. 연신 간베이가 이어졌고, 헤어지는 마당이 되어서 나는 가위 필름이 끊어지다시피 되고 만 것이다. 그런데 그 자리에서 우리를 가장 맹렬하게 공략한 것은 손덕준 회장과 종친인 쑨셔우린(孫守林) 국장. 그 역시 한눈에 '산둥다한쯔'다. 짙은 눈썹, 부리부리한 눈, 수염을 길렀다면 필시 『수호전』의 108 영웅 가운데 중요한 자리를 차지하는 주인공 임충의 턱에서 자라던 고슴도치의 털처럼 빳빳하게 자란 수염이었을 그런 얼굴이다. 호걸(豪傑)의 '호'는 다름 아닌 고슴도치라는 뜻.

그런데 실은 그걸로 그치지 않는다. 손덕준 회장의 말에 의하면 쑨

서우린 국장의 친형님 되는 쑨셔우보(孫守璞) 씨는 전직 산둥성 부(副)
성장으로 인천 차이나타운 입구에 설치된 패루(牌樓)의 '중화가'라는
세 글자를 제자(題字)한 인물이다. 손 회장의 집은 문무를 겸전한 집안
이라 보아도 말이 된다. 하기야 산둥이 그렇다. 문으로 치면 공자와 맹
자와 묵자와 장자를 낳았고, 무로 치면 『손자병법』을 남긴 손무(孫武),
거기서 다시 『수호전』이 나왔으니 말이다.

다시 찾은
아버지의
고향,
숭갸탄

황해 바다가 짠 이유

　　4월 20일 비가 추적추적 내리는 아침 9시, 웨이하이의 '펑유(朋友, 친구)'들이 차를 내주어 옌타이행의 편의를 도모해 주었다. 간밤에 술 고문이 제법 심했건만 아침에 멀쩡한 모습들을 보니 이제 산둥의 술 고문에 이골이 난 걸까. 아니, 아는 사람은 다 아는 사실이지만 바이주, 곧 고량주가 좋은 술이기 때문일 것이다. 옌타이의 일정은 제법 빡빡하다. 우선 손덕준 회장의 고향인 무핑의 '숭갸탄(孫家灘, 쑨자탄)' 방문, 이어서 점심에는 옌타이 화교호텔에서 왕환리(王煥理) 전 옌타이 박물관장과 식사 겸 면담, 오후에는 옌타이 시의 차오우반공스(僑務辦公室, 화교 업무를 담당하는 부서) 관계자 면담, 저녁은 푸산취(福山區) 요리협회 관계자와 식사로 잡혀 있으니 하루에 네 '탕'을 뛰는 셈이다.

손덕준 회장, 김태만 교수, 나종만 원장 그리고 유 모를 포함한 일행 4명이 승용차로 고속도로를 지나는데 옆으로 황해 바다의 우중(雨中) 전경이 눈에 들어온다. 김 교수가 말문을 연다. "저게 염전이네. 산둥 해안가가 소금이 좋다지요?" 이곳 일대는 옛적 춘추시대로 치면 제나라 땅이다. 주나라 무왕이 강태공을 제나라의 제후로 봉하면서 살피라고 주문한 것이 바로 '어염지리(魚鹽之利)'였다. 곧 소금과 물고기로 제나라 살림살이의 기반을 닦으라는 훈수다. 바닷가 염전에서 생산되는 천일염은 내륙에서 나오는 암염과는 질이 다르다. 춘장이 태양열로 빚어지듯이 소금도 태양열로 익는다. 바닷물을 염전에서 소금으로 만드는 일을 중국인들은 '주하이웨이옌(煮海爲鹽)'이라고 했던가. 주(煮)는 물에 넣고 삶는 요리법의 일종이기도 하다. 소금도 요리의 하나인 셈인가.

이런 이야기를 나누는데 이미 차는 고속도로 종점을 지나 옌타이 시내로 접어들고 있다. 우리가 탄 차의 기사가 핸드폰으로 마중 나온 쪽과 통화를 하더니 곧 옌타이 공설시민운동장 근처 대로에서 다른 차한 대와 접선에 성공했다. 다른 차한 대란 숭갸탄으로 길 안내를 위해 마중 나온 손 회장의 사촌 동생들의 차다. 길가에서 수인사를 나누고 곧장 숭갸탄으로 향했다.

포장도 안 된 질척질척한 골목길을 지나 집에 당도하니 일가친척들이 몰려나와 인사를 하고 악수를 나누고 등등. 집 안의 응접실 탁자에 둘러앉아 일동 소개. 숭갸탄에는 아직도 손씨만 약 1,000가구가 산단다. 마을 이름에 붙은 '탄'은 그 마을이 물가라는 이야기다. 집 앞에 있

숭가탄 골목 풍경. 뒤쪽으로 현대식 건물이 들어섰다. 숭가탄은 조만간 헐리고 신도시로 개발될 것이란다.

는 황해 바다를 배경으로 이들은 어업에 종사했을 테다.

그들 중 한 청년이, 작은아버지가 먼저 건너간 한반도의 인천으로 배를 타고 건너가서는 6·25가 나자 그만 돌아갈 수 없는 신세가 되고 말았다. 그 청년은 중화루라는 인천의 내로라하는 청요릿집 주방에서 요리를 배우던 중 그곳에서 와이탕(外堂, 손님 유치를 맡은 일종의 섭외직)을 맡고 있던 화교 왕영성 씨의 눈에 들었다. 눈에 들었다는 말은 사위를 삼겠다는 생각을 가지게 되었음을 뜻하는 것. 이리하여 왕연신이라는 아가씨와 백년가약을 맺었고 거기서 생긴 첫째가 바로 지금 중화루의 손덕준 회장이다. 작은어머니 두 분 그리고 사촌 형제들이 자리에 둘러앉아 아침부터 맥주잔을 돌리기 시작한다. 두어 순배가 돌자 손덕준 회장의 썰이 시작된다.

"처음 택시를 대절해서 숭갸탄에 들어서는데 저기서 누가 와요. 그래서 차에서 그 사람을 불러 여기가 숭갸탄이 맞느냐고 물었죠. 그랬더니 맞대요. 근데 대답하는 그 사람이 어딘가 이상해요. 어디서 본 사람 같은 거 있죠? 그래서 우리 아버지 이름을 대고 혹시 아느냐고 물었죠. 그랬더니 그 사람도 나를 자세히 보는 거예요. 그 사람이 바로 우리 작은아버지, 그러니까 애들 아버지더라구요. 그날두 오늘처럼 비가 왔는데……."

자신의 고향, 아니 실은 아버지의 고향을 20년 전 처음 찾았을 때, 질척거리던 그 초행길은 지금보다 얼마나 더했으랴. 입에서 저절로 나오는 '고향에 찾아와도 그리던 고향은 아니더뇨'라는 옛날 노래 가사를 삼키는데 손 회장이 말을 잇는다.

"그때 작은아버지 두 분하고 고모들이 아직 살아 있었어요. 작은집 두 집을 이리저리 오가면서 지내자 고모들이 난리가 났어요. 자기네 집에는 안 온다고요. 그래서 고모 집에도 이리저리 끌려다니면서 시달렸죠." "뭐에 시달렸는데요?" 김태만 교수가 묻자 손 회장이 입에 담배를 피워 물고 연기를 공중에 내뿜으면서 하는 대답이, "옛날 얘기를 하다가 울다가 다시 옛날 얘기를 듣다가 울다가……. 이 집 저 집 끌려다니면서 얼마나 울었는지……. 말두 말아요. 눈이 얼마나 부었는지" 하면서 손사래를 친다. 술 고문이 아니라 눈물 고문이었던가. '말두 말아요'는 그가 말끝마다 자주 붙이는 어구 비슷한데, 필시 그가 말도 못 할 정도로 고생을 했기 때문일 것이다.

연년생 또는 두 살 터울로 8남매의 맏이에, 아버지는 8년을 자리보전을 한 채 고향에 가고 싶다는 타령을 하시다가 끝내 고향땅을 다시는 밟지 못하고 불귀의 객이 되고 말았으니 그야말로 '말두 말아요'가 그의 입에 밸 만하지 않은가. 그리고 몇년 전 조카 결혼식에는 인천에서 모친을 모시고 아이들과 같이 숭갸탄에 왔단다. 그때도 또 눈물바다였으리. 황해 바다가 만일 짜다면 필시 그건 고향을 밟지 못한 이들의 눈물도 한몫을 했을 테다.

21세기에는 숭어 회에 초고추장?

바다에서 잡은 새우니 조개니 하는 것들을 안주 삼아 맥주잔이 몇 차례 돌자 나는 시계를 보았다. 왕 관장과의 열두 시 약속에 대자면 일어서야 할 시간이다. 손 회장이 일어서면서 지갑에서 붉은색 지폐 뭉치를 꺼내 작은어머니 두 분에게 촌지를 건네자 한사코 안 받겠다고 하고 한사코 주겠다고 하면서 실랑이가 벌어지다가 결국은 큰집 조카의 판정승.

오늘 저녁 묵을 옌타이의 화교호텔로 향하는 차 안에서 손 회장의 '썰' 테이프가 다시 돌아간다. "한번은 작은아버지들하고 시장에 갔는

손 회장의 부친, 손세상 씨가 태어난 집 부엌에 걸린 식칼 세 자루.
저 식칼을 들고 화교들이 전 세계로 퍼져나갔다.

데 물건을 사고 100위안짜리를 내니까 시장 사람들이 우루루 몰려들더라구요. 왜냐, 100위안짜리를 난생 처음 본다는 거예요. 이거야 원." 그랬던가. 마오쩌둥 주석이 그려진, 지금은 흔해 빠진 그 100위안짜리 인민폐를 그 당시 옌타이의 변두리 시장에서는 구경도 못 했다는 이야기다. "아참, 그때 외국에서 귀한 손님이 왔다고 뭐가 먹고 싶으냐고 물어요. 그래서 여기 뭐가 있느냐고 물었죠. 그랬더니 하루는 배를 타고 나가서 숭어를 잔뜩 잡아 온 거예요. 마침 내가 고추장을 가져갔거든요. 그래서 숭어로 회를 떠서 초고추장에 찍어 먹는 법을 가르쳐 줬더니 그 맛이 죽인다고 난리가 났지 뭐예요." 옳다. 바로 그게 21세기 식이다. 나는 내 주특기인 내기를 걸고 있었다. '우리가 20세기에 중국발 춘장을 먹었듯이 21세기 어느 날엔가 그들도 배 위에서 갓 잡은 숭어를 초고추장에 아무렇지도 않게 찍어 먹을 날이 올 것'이라고. 📓

옌타이에서
건져 올린 한 장의
사진에 얽힌 사연
그리고 중화루

사연 담긴 한 장의 옛날 사진

    2007년 봄이던가. 옌타이 시내의 신화서점에 들렀다가 손에 걸린 물건이 바로 『옌타이스하이거우선(烟台史海鉤沈)』이라는 제목의 책이었다. 제목을 풀면 '옌타이 역사의 바다에서 낚시로 건져 올린 사연'쯤 되겠다. 필자는 옌타이 전 박물관장을 지낸 1935년생의 왕환리 선생. 중국어나 우리말이나 발음이 같은 분이다. 4월 20일 오후 숭갸탄을 뒤로 하고 옌타이의 화교호텔을 찾은 것은 바로 이분을 만나기 위해서이고, 실은 이번 산둥행에서 손덕준 회장과 동행한 것도 바로 이분을 만나기 위해서인지도 모른다. 왜냐, 그 책에 실린 「인천의 중화루」라는 글이 한 장의 옛날 사진에 관한 사연을 전하고 있기 때문이다. 중화루는 어떤 곳인가.

    근대화의 여러 산물, 곧 우체국이니 기상대니 혹은 교회니 서양의

왕 관창이 소장한 중화루 옛 사진이다.

'문명'으로 일컬어지는 것들의 1번지가 한국 최초의 개항도시 인천임은 주지의 사실이거니와, 인천의 대불호텔도 거기에 속하는, 다시 말해 한국 최초의 호텔인 것도 아는 사람은 다 안다. 그 대불호텔 자리에 청요릿집 중화루가 들어선 사정에 대해서는 알려진 바가 그리 많지 않은 편. 그런 점에서 왕 관장의 「인천의 중화루」라는 글은 그야말로 실증적 가치가 제법 있는 자료다. 왕 관장에 의하면 중화루는 옌타이 출신 화교 라이사오징(賴紹晶, 1872년생) 씨가 창업해서 그 아들인 라이청지우(賴誠久) 씨에게 대를 물렸다가 그 손자인 라이성위(賴聲玉) 씨가 1950년대에 장사를 접고 도미했는데, 그 라이 씨 가족이 왕 관장과 마침 인척관계여서 수소문 끝에 미국 메릴랜드에 거주하는 라이 씨와 선이 닿아 중화루 옛 사진을 입수한 사연을 《옌타이 일보》에 실었고, 이어서 산둥화보출판사에서 간행하는 옛날 사진 전문 잡지인 《라오자오피엔(老照片)》에도 실었고, 이어서 자신이 모은 글을 『옌타이스하이거우선』에 수록한 것이다.

옌타이로 오기 바로 직전 지금의 중화루를 운영하는 손덕준 회장의 집안 사진들을 일별할 기회가 있었는데, 훤칠한 키와 긴 얼굴의 호남형인 손 회장 부친 손세상 씨, 그리고 옛날 중화루에서 와이탕으로 일하던 손 회장의 외조부인 왕영성 씨의 옛 모습을 접할 기회가 있었다. 흥미로운 것은 왕 관장이 발견한 그 중화루 옛 사진 안의 인물이 손 회장이 내게 보여 준 그 사진의 인물과 닮아 보였다는 점이었다. 고성능 돋보기를 일부러 구입해서 왕 관장 책에 실린 사진과 손 회장이 내게 보여 준 사진을 대조하면서 혹시 중화루 옛 사진 속의 인물이 손 회장의 인척, 어쩌면 아버지가 아닌가, 아니면 사진 뒷줄에 안경을 끼고 서 있는 그 인물은 지금 중화루의 사장인 손덕준 회장의 외조부는 아닌가 하는 심증을 얻은 것이다. 그렇다면 중화루는 이른바 족보를 되찾는 셈이 아닌가. 왕 관장이 소장하고 있는 사진 원판을 손 회장의 부친과 외조부가 찍혀 있는 결혼 사진과 대조한다면 심증이 물증으로 확인될 수 있을 것이었다. 이번 산둥행, 특히 옌타이행이 소기한 목적이 바로 여기에 있었다.

한국 중화요리업의 한 맥을 잡다

　　　　열두 시 무렵 1층 로비에 내려가니 두 분의 노인네 가 눈에 띈다. 다가가 확인을 해 보니 우리가 만나야 할 바로 그 장본 인들, 곧 왕 관장 부부이다. 이미 한국에서 전화 통화를 통해 왕 관장 의 부인과 수인사를 나눈 바 있는 터여서 그리 다가가 인사를 하니 반 갑게 맞는다. 왕 관장은 귀가 어두워 부인께서 귀를 대신하여 상대방 에게서 들은 말을 필담으로 바깥양반에게 전해 준다.

왕 관장이 소장하고 있던 인천 중화루 관계 자료들을 호텔 로비 탁 자에 펼치는데, 박물관 계통에 종사한 분답게 자료 정리가 여간 깔끔 하지 않다. 사진과 관련 글들 등등. 중화루의 초대 경영자 라이사오징 씨는 왕 관장의 인척으로, 마지막 사장인 라이성위 씨가 왕 관장의 사 촌 동생뻘 된단다. 우리는 무엇보다도 우선 그 사진을 대조하는 것이 궁금했다. 손 회장이 가지고 간 집안 사진, 특히 결혼식 사진들을 왕

화교들의 모금으로 세운 옌타이 화교호텔의 모습.(위) 중화루 옛 사진에 찍힌 인물이 누구인지 확인하고 있다.(아래)

관장 소장의 사진 원판과 돋보기로 대조한 결과 손 회장의 외조부인 왕영성 씨가 두 사진에 모두 등장하는 동일 인물임이 판명되었다. 실은 손 회장의 부친 손세상 씨도 그 사진에 함께 서 있는 인물 가운데 한 사람이 아닌가 했지만 아쉽게도 다른 인물이었다. 아울러 중화루의 그 옛 사진은 1940년대 초에 찍은 사진이라는 것. 다시 말해 1931년 생 손세상 씨가 인천으로 건너오기 전에 찍은 사진인 것이다.

자리에 함께 있던 김태만 교수가 외조부가 중화루에서 맡고 있었다는 와이탕이라는 직책이 뭐냐고 묻자 손 회장이 사진의 외조부를 가리키면서 "이 양반이 말이죠, 내 생각인데 약간은 친일파였던 것 같아요. 그때 인천 바닥이 일본 사람들 판이 아니었겠어요? 단골도 물론 일본 사람들이 많았죠. 우리 외할아버지가 손님들을 주로 상대하면서 단골로 꾀는 일을 맡은 거라면 그게 일본 사람들하고 친하지 않고서는 일이 안 되잖아요?" 한다. 말하자면 역사를 한국인의 편에서 본다고 할까.

한 가지 더 아쉬운 점은 「인천의 중화루」에 의하면 같은 옌타이의 장융쉬(張永緒) 씨의 아버지인 장옌두(張延讀) 씨는 중화루 개점 당시의 동업자로 고동증서(股東證書, 일종의 주식)를 가지고 있었는데, 그 증서를 누군가가 빌려가서 되돌려주지 않는 바람에 그만 사라지고 말았단다. 중화루는 말하자면 여러 화교가 자본을 나누어 태워서 차린 음식점인 셈이다. 그리고 자신의 두 형과 누님이 중화루에서 태어났는데 1931년에 귀국했다는 것이다. 1931년이라면 만보산 사건이 터지던 그해다. 일본인들이 만주에서 조선인 농부와 중국인들을 이간질해서 조선인들이 습격을 당한 것처럼 보도를 하는 바람에 조선인의 대중국

감정이 악화되었고, 그런 연유로 조선에 살고 있던 화교들이 분풀이를 당하자 많은 화교들이 떠난 그해인 것이다.

어쨌든 숙제 하나를 푼 셈이다. 한국 중화요리업의 족보 가운데 한 맥을 잡았으니 말이다. 옛 중화루의 집기와 현액들을 물려받은 지금 인천의 중화루가 단순히 물품만을 이어받은 것이 아니라 피로 이어내린다는 물증을 손 회장 외조부의 존재를 통해 확인한 것이다. 지금 중화루 2층에 걸려 있는 건물 외양만 덩그러니 있는 중화루 옛날 사진을 떼어내고, 옌타이에서 왕 관장을 통해 구한 옛날 중화루에서 일하던 인물들과 함께한 그 사진을 확대해서 걸어 놓아야 제격인 게다. 하지만 이제 시작이다. 이런 사진과 관련된 작업은 이제 첫발을 겨우 디딘 것이다. 화교 사진들을 모아서 그 사연들을 정리하자면 말이다.

가깝고도 먼
짜장면의 사촌들

풋고추와 마늘의 톡 쏘는 매운 맛을

된장의 부드러움이

슬며시 감싸서 달래 주듯이,

파의 맵싸한 날카로움을

춘장의 부드럽고 달달한 맛으로

싸서 어루만져 주는 것은 아닐까.

푸산라면을 먹다가
술김에 발견한
짜장면의
제조 비결

국수의 고장 옌타이

중국이라는 나라가 음식문화가 발달했음은 상식에 속하지만, 그 음식 가운데서도 국수의 종류로 치면 가히 대국이라 일컬을 만하다. 각 지방의 국수가 1,200종을 헤아린다니 말이다. 그 지방 특색 맛을 대표하는 국수의 대표선수로 꼽히는 것이 이른바 베이징의 라오베이징자장몐을 위시하여 상하이의 양춘몐(陽春麵), 산시(陝西)의 다오샤오몐(刀削麵) 및 우리 동포인 조선족이 많이 사는 옌지(延吉)의 개고기 냉면 등 그 수가 적지 않다.

옌타이 사람들은 자기네 고향의 국수인 '푸산라면(福山拉麵)'을 중국 북방의 4대 국수의 하나라고 주장한다. 명나라의 한 문인이 남긴 「면식행(麵食行)」이라는 시는 지금으로 치자면 국수를 찾아 전국을 돌아다니면서 적은 시인데, 그 가운데 "대대로 전해져 온 국수의 내공을 말할라치면/국수 만드는 기술이야 산둥 동쪽을 쳐야 하리/달콤한 맛에 색도 눈부셔라/입에 넣으면 몸과 마음이 녹아든다네(傳家麵食天下功, 製法來自東山東. 美如甘酥色瑩雪, 一匙入口心神融)"라는 구절에서 그 증빙을 찾기도 한다. 이 구절에서 국수 만드는 기술을 거론하는 산둥 동쪽이라면 지금의 자오둥 지방, 곧 옌타이와 펑라이 등 이른바 푸산차이(福山菜)의 고장이다.

연구년을 맞아 내가 거처를 정한 서산의 해미읍성 옆에 해물짬뽕으로 유명한 영성각이 바로 펑라이 출신 화교요, 재직하고 있는 연세대 일원의 연남동·연희동 화교 음식점 가운데 상당수가 바로 옌타이 무핑 출신이며, 대구 약전 골목에 지금도 남아 있는 화교 음식점 두 군데도 옌타이 무핑 출신이다. 아울러 국수로 치면 '푸산라몐'을 운위하면서 펑라이 소면을 거론하지 않으면 펑라이 사람들은 섭섭해하는 그런, 말하자면 옌타이 그 일대가 국수의 고장인 것이다. 우리가 이번 산둥 행에서 옌타이를 찾은 것도 바로 이 푸산 일대 라몐의 정체를 살피기 위함임은 물론.

옌타이 화교호텔에서 화교 업무를 맡고 있는 츠루오웨이(遲若維) 과장과 면담을 마치고 푸산의 또 다른 화교호텔을 찾은 것은 4월 20일 오후 5시 무렵. 푸산의 화교호텔은 이번이 세 번째인지라 왕량 요리협회장을 비롯해서 장지순 요리사 그리고 전 회장인 장쩐용 선생과도 구면이다. 그날 저녁의 주메뉴는 뭐니 뭐니 해도 '푸산라몐'. 우리가 흔히 수타면이라 부르는 그 기술이 바로 이 푸산라몐과 연관이 있다. 라몐(拉面)의 '라'는 사전적 풀이에 의하면 끌다 혹은 당긴다는 뜻. 밀가루 반죽을 양손으로 길게 늘여 꼬고 늘이고 다시 꼬고 늘이고 하여 국수로 가닥을 나누어 길게 뽑아내는 기술이 바로 '라몐'이다. 우리가 지금 인스턴트로 먹는 라면이라는 단어가 바로 여기서 기원한 것이라 보면 틀리지 않는다.

예전 청나라의 황제 가운데 강희제는 후식으로 룽쉬몐(龍鬚麵, 용의 수염처럼 면발이 가는 국수)을 즐겨 먹었다고 한다. 국수 가닥을 양손으로 둘로 나누기를 거듭하다 보면 면발이 가늘어지기 마련이고, 그 횟수가 13회에서 14회를 거치노라면 대단히 가는 면발이 된다. 날씨가

푸산의 화교호텔 로비 벽면에 호텔 건축 당시 기금을 제공한 화교들의 이름이 새겨져 있다.
대다수가 해외의 중국음식점 경영자들이다.

받쳐 주는 경우 최고 15회 국수 가닥을 나눈 것이 기록이란다. 더운 날씨에는 국수 반죽이 늘어져 끊어지기 때문. 그러면 이런 계산이 나온다. 2회를 열서너 제곱 하면 그 수가 얼마인가. 그 수가 늘어나는 것은 그만큼 가늘어진다는 것. 그 가는 국수를 물에 삶으면 그건 아니올시다. 면발이 가늘어 끓는 물에 들어가는 순간 녹아 버리기 마련. 하여 그 국수의 가는 가닥을 그대로 보존하는 조리법이 바로 순간적으로 기름에 튀겨 설탕을 살짝 뿌려 먹는 것. 말하자면 후식치고는 그럴듯한 발상이다. 그리고 이 룽쉬몐을 개발한 주방장이 바로 산둥의 동쪽, 곧 지금의 옌타이 출신으로 추정된다는 것이다.

이 국수 뽑는 기술을 오늘날까지 이어 준 것은 청나라 함풍 2년(1851) 옌타이에서 문을 연 음식점 지성관(吉升館)이다. 그 집을 출발로 동순관, 싱순관 등이 연달아 문을 연 시점이 때마침 옌타이의 개항(1862)과 겹쳐진다. 영·미·독·불 등 서구 열강 16개국이 옌타이에 영사관을 열었고, 그에 따라 푸젠, 상하이 등의 화교들이 옌타이로 몰려들면서 푸산라몐의 제조 방법이 널리 퍼지게 되었다는 것이 푸산요리협회의 설명이다.

그런데 라몐을 비롯한 푸산요리는 또 다른 행로를 개척하는데, 그것이 바로 베이징이다. 그리하여 베이징의 팔대루, 팔대거, 십대당이니 하는 유명 청요릿집들을 이들 푸산 출신 주방장과 '장궤(掌櫃, 사장)'들이 '점령'한 것이다. 이를테면 베이징에 1902년 문을 연 동싱루(東興樓)는 당시 요리사만도 140명에 건물 면적만 2,500평방미터였단다. 문제는 이 동싱루라는 청요릿집 이름이 인천에도 그 간판을 내걸고 있

었다는 점이다. 한 자료에 의하면 1924년 인천의 청요릿집 과세 표준
(말하자면 1년 매출액)이 중화루 3만 원, 동성루 2만 원, 공동춘(공화춘의
잘못된 표기인 듯) 9천 원 등이었다. 또 한 가지 흥미로운 것은 이 동성
루는 뉴욕의 식당가에서 목하 성업 중인 중화요리점이다. 이들 셋의
이름이 우연히 일치한 것인가 아니면 역사와 인물들에 서로 이어지는
연결선, 다시 말해 화교를 운위할 때 늘 쓰는 언어인 네트워크가 감추
어져 있는가.

푸산라몐에서 마주친 짜장

　　　　　물론 그날 저녁 자리도 그냥 평화로운 자리일 수가
없었으니 푸산의 요리 계통 달인들의 술 공세를 우리가 막아 내야 했
기 때문. 술 공방이 끝나고 마지막 메뉴인 주식으로 푸산라몐이 올라
오는데 국수 그릇과 볶은 짜장 그릇 옆으로 뭔가 걸쭉한 수프가 담긴
그릇이 술 취한 눈을 찌른다. 이게 뭔가 하고 물으니 푸산라몐은 본시
한 종류의 국수가 아니란다. 국수에 얹어 먹는 수프를 루즈(鹵汁)라 부
르는데, 그 루즈만도 20여 종류이며 그 가운데 하나가 짜장이라는 것
이다. 장지순 요리사가 옆에서, 우리로 치면 걸쭉한 국물을 내 그릇에
국자로 얹어 주면서 이름을 말하는데 술이 취해 잘 들리지 않는다. 하
여 수첩에 적어 달라고 하니 ‘溫鹵’라고 적는다. 우리 발음으로는 웬
루, 웬루몐인 것이다. 웬루몐, 웬루몐을 술 취한 혀로 뇌까리노라면 우
리의 울면으로 발음이 되는 것은 술이 취해서인가. 그러다가 퍼뜩 든

푸산라몐. 왼편의 작은 접시들에 담긴 것들이 우리식으로 치면 고명이고, 가운데 큰 그릇이 울면 국물 같은 루즈이며,
그 옆에 종업원이 들고 있는 접시가 파와 돼지고기를 춘장으로 볶은 짜장이다.

생각. 그 웬루몐에 볶은 짜장을 넣으면 우리식 짜장면이 되지 않는가.

'울면'에 짜장 고명을 넣고 비벼 먹는 내 모습을 옆에서 지켜보던 장지

순 요리사가 빙긋이 웃으며 설명을 이어 준다. 그 녹말가루 국물이야

말로 기름으로 조리할 때 우러나는 육즙을 요리와 하나로 결합시켜 주

는 비결이란다. 말하자면 한국 짜장면이야말로 그 결합의 소산이 아닌

가. 이렇게 보자면 푸산라몐의 라몐이라는 기술은 그야말로 국수를 뽑

는 기술에 지나지 않는 건가, 아니면 다른 그 무엇이 있는가.

그날 밤 나는 꿈자리에서 '라면'이라는 말을 자꾸 이렇게 되뇌고 있었으니……. 글로벌 경제위기의 진원지가 미국이 '라면', 그리고 향후 세계 소비시장을 주도하는 국가로서 미국의 위상이 21세기에 심상치 않게 될 것이 '라면', 아울러 그 미국을 뒤로하고 중국이 세계의 소비시장으로 부상할 것이 '라면', 나아가 내수시장으로서의 중국의 면면이 곧바로 한국의 경제에도 적지 않은 영향을 미칠 것이 '라면', 글로벌의 1번지가 이곳 황해 바다 일대 혹은 동북아로 옮겨올 것이 '라면'……. 📝

짜장면에도
친척이
있다

오리구이에서 짜장면을 느끼다

4월 21일 아침 김태만 교수와 옌타이산 공원 일대를 둘러본 다음 공항으로 간 것은 산둥성의 도청 소재지가 있는 지난(濟南) 행 12시 10분 비행기를 타기 위해서다. 김 교수는 지난대학에 볼 일이 있고 나는 지난을 거쳐 공자의 유적이 있는 취푸(曲府)와 『금병매』의 고장인 린칭(臨淸)에 가야 한다. 지난은 산둥성의 성회(省會), 곧 우리로 치면 도청소재지인 인구 700만 전후의 큰 도시다. 베이징에서 상하이로 가는 길목이요 칭다오니 옌타이니 웨이하이로 가는 교통의 허브다. 유동 인구가 많은 도회(都會, 모두가 모여든다는 뜻)이니 먹을거리도 그리로 모여들면서 산둥요리, 곧 루차이의 중심지가 되었다.

숙소에 짐을 풀고 로비에 가니 지난대학 관계자가 나와 있다. 한국과의 학생 교류에 관심을 보이는 지난대학 측에서 부산 해양대학의 김태만 교수와의 만남에 관심을 보인 것은 당연지사. 교류와 관련된 실무적인 토론을 마친 뒤 지난대학에서 이른바 '칭커'를 했다. 이 칭커야말로 중국인들이 상대방을 녹이는 자리다. 장소는 스다오산장. 스다오 출신이 차린 음식점이라고 보면 틀리지 않을 터. 스다오는 인천에서도 뱃길이 있는 항구이자 장보고기념관이 있는 법화원이 자리 잡은 곳. 스다오산장이라는 간판을 내건 것은 해산물을 주로 하는 요리를 팔겠다는 뜻으로 풀이하면 된다. 지난만 해도 바다에서 한참 떨어진 곳이라 해산물 요리로 사람들의 입맛을 사로잡겠다는 상호인 것이다. 그래서 그런지 상에 오른 것들을 보면 이른바 육해공군 가운데 해군들이 거개다.

하지만 공군과 육군도 없을 수 없으니 공군으로 상에 오른 것이 이른바 카오야(烤鸭), 오리구이다. 그런데 그 카오야가 그날따라 달리 보인다. 베이징에서 수시로 먹던 그 베이징덕, 곧 베이징 오리구이와 달리 보인 것은 파삭하게 구운 오리 껍질을 밀쌈에 얹은 다음 파를 춘장에 찍어 올리면서다. 파와 춘장. 이건 웨이하이의 바이윈빈관에서 점심을 먹을 때, 그리고 옌타이의 푸산 화교호텔에서 저녁을 먹을 때도 마찬가지로 찍어 먹던 것인데 지난에서도 파를 춘장에 찍어 먹는 것이다. 춘장과 파라. 이게 음식 궁합인가. 카오야를 밀쌈에 싸 먹으면서 찬찬히 맛을 음미한다. 파삭한 카오야에 쫄깃한 밀쌈, 거기에 상큼한 파, 그리고 간을 맞추기 위한 양념 소스로 곁들인 춘장. 환상적인 궁합이라고 할까.

나는 그 순간 중국 드라마 〈창관둥(闖關東)〉의 한 장면을 떠올렸다. 인구의 국내 이동, 곧 산둥에서 만주로 300년에 걸친 2,500만 인구의

지난의 식당인 스다오산장에서 먹은 베이징 오리구이. 춘장과 파와 밀떡 그리고 오리구이.
이들 조합과 짜장면을 대비하면 이들이 가까운 사촌쯤 되겠다.

대이동을 다룬 드라마로 2007년 중국 드라마계를 석권한 작품. 여간

재미있게 본 드라마가 아니어서, 다음 학기에는 수업 시간에 학생들과

볼 요량을 세우고 있는 터이다. 드라마의 주인공 주카이산(朱開山)의

고향인 장추(章丘)는 파의 고장이다. 드라마에서 그들은 대파를 식탁

에 올려놓고 만두를 먹는다. 파와 만두만 먹는다면 그게 무슨 맛인가. 삼겹살을 상추에 싸 먹을 때 마늘과 풋고추를 그냥 얹어 먹는다면 그게 무슨 맛인가. 된장을 양념으로 버무린 쌈장에 찍어 먹지 않으면 그게 무슨 맛인가 말이다. 바로 그런 원리다. 쌀밥과 삼겹살과 된장 쌈장에 찍은 풋고추 혹은 마늘이 하나로 세트이듯이 오리구이와 밀쌈과 파와 춘장이 제격이 아닐쏜가. 풋고추와 마늘의 톡 쏘는 매운 맛을 된장의 부드러움이 슬며시 감싸서 달래 주듯이, 파의 맵싸한 날카로움을 춘장의 부드럽고 달달한 맛으로 싸서 어루만져 주는 것은 아닐까.

젠빙이 짜장면의 사촌?

　　　　그날 저녁 교수들과의 자리는 다행히 전투가 살벌하지 않았다. 김 교수와 내가 그들의 예봉을 사전에 차단한 것이 주효하게 작용했던가. 이튿날 아침 김 교수는 울란바토르행 비행기를 타기 위해 베이징행이고 나는 취푸로 가야 하니 서로 길이 갈라지는 까닭에 일찍 들어가서 쉬기로 하고 잠을 청했으나 여간 맹숭맹숭하지 않다. 말하자면 술을 먹은 것도 아니고 안 먹은 것도 아닌 모양새다. 아홉 시 뉴스를 보다 말고 나는 근처 순시를 나섰다. 이런 때는 차림도 달라야 한다. 이른바 미복 차림으로 검은 점퍼를 걸치고 찾아 나선 곳은 지난 대학의 뒷골목.

　아니나 다를까. 불야성이다. 바로 이거다. 라오바이싱(老百姓, 일반 시민)들의 동정을 살피기에 이보다 좋은 풍경은 없는 것이다. 젊은 학생들이 앉은뱅이 의자에 앉아 저녁을 해결하면서 볶음국수에 미지근한 맥주를 곁들이며 하루의 피로를 푸는 곳이 몇백 미터에 이르도록 길게 늘어서 있다. 프라이팬에 국자로 기름을 넉넉히 끼얹은 다음 숙주와 양배추 그리고 약간의 돼지고기를 마늘에 볶다가 간장을 넣으면서 획획 하고 프라이팬을 놀리다가는 거기에 국수를 넣어 볶아 내는 것이 바로 차오마몐(炒碼面), 곧 볶음국수이다. 이 '차오(炒)'라는 볶음요리를 만드는 화력이 센 불이야말로 중국음식, 특히 산둥요리인 루차이로 들어가는 길목이다. 중국음식의 조리에 불 다루는 기술을 훠허우(火候)라 부르거니와 조리법의 칠할이 바로 이 불 다루는 솜씨에 있단다. 조리사 아줌마에게 고향을 물어보니 신기하게 옌타이 출신이다. 사진을 찍어도 괜찮은지 묻자 "당란(當然, 물론)"이라는 시원한 대답. 그러면서 "한국 사람이지?"하고 알아맞힌다.

그 볶음국수를 비닐주머니에 담은 다음 옆으로 걸음을 옮기는데, 바로 옆에는 지난의 샤오츠(小吃, 간식거리)에서 빼놓을 수 없는 유쉬안(油旋)을 파는 좌판이 붙어 있다. 밀가루 반죽을 손가락 굵기 정도로 길게 늘이되 그 안에 설탕 따위의 소를 넣어 기름을 두른 팬에 돌돌 말아 가면서 지져 부치는, 우리로 치면 호떡이다. 옆에는 초등학생쯤 되는 아들놈이 놀고 있고. 하여 5마오짜리 유쉬안 한 개에 다시 사진 한 방.

그런데 다시 옆집을 곁눈질하니 거기에도 빼놓을 수 없는 게 둥그런 판에서 구워지고 있다. 이름하여 젠빙(煎餅). 우리가 먹는 밀전병과 그놈이 그놈이다. 그 순간 머릿속으로 전등불이 반짝하고 빛을 발한다. 그렇다. 중국에서 길거리를 가다가 출출하면 사 먹는 저 젠빙도 우리

옌타이 출신으로 지난에 온 요리사가 볶음국수를 파는 좌판 음식점.
프라이팬 위로 솟구친 불길이 이른바 '빠오'라는 불 다루기로, 산둥 요리의 특징을 이룬다.

짜장면과 무관하지 않은 음식이다. 둥그런 쇠판에 묽은 밀가루 반죽을 둥글고 얇게 깐 다음 달걀을 한 개 깨서 얹고 거기에 뿌리는 것이 한국 사람들이 별로 달가워하지 않는 샹차이(香菜)까지는 좋은데 거기에 또 한 가지가 있다. 그것은 송송 썬 파다. 그리고 거기에 다시 춘장을 붓 으로 찍어 바른다. 그다음 파삭하게 튀긴 밀가루 튀김을 얹은 다음 둘 둘 말아 주면 그게 젠빙이다. 물론 중요한 것은 다름 아닌 밀가루와 파 와 춘장의 결합이다. 이 젠빙도 그러고 보면 짜장면의 친척인 셈이다. 중요한 발견이 아닐 수 없다. 짜장면은 마냥 짜장면이 아니라 그 친척, 사촌들이 존재하는 것.

그날 밤 비닐봉지 서너 개에 담긴 음식과 호텔 앞 슈퍼에서 산 장위 (張裕) 바이란디(白蘭地, 브랜디) 조그만 병 하나로 나 혼자만의 야참을 즐기고 난 다음 이튿날 김태만 교수에게 그런 사정을 실토하자, 왜 자 기를 안 불렀냐고 타박을 하는 것이다. 자신도 그날 밤 맹숭맹숭해서 잠을 자는 데 애를 먹었다나. 🖼

공자의 도시
취푸에서
맛본
쿵푸차이

공자를 맛보러 나선 길

4월 22일 오전, 지난에서 시외버스 편으로 공자의
도시인 취푸로 향하는 차 안에서 나는 공자라는 이름을 되뇌고 있었
다. 공자라. 공자 사상사를 인간의 생애로 친다면, 20세기는 진시황의
분서갱유 시절만큼이나 곤혹스런 시절이 아니었을까. 그렇다면 21세
기의 공자는 어떤 상으로 빚어질 것인가.

한 가지 분명한 것은 지난 20세기가 동방에서 서방을 받아들이는 데
진력한 세기였다면, 21세기는 필경 서방에서 동방을 받아들이는 세기
가 되리라는 것이다. 이를테면 서양 철학사의 종갓집이라고 일컬어지
는 플라톤, 시인을 공화국에서 추방하라고 일갈하면서 기하학을 모르
는 자는 자신의 아카데미 정문을 들어서지 말라고 했던 플라톤의 맞은
편에 자리 잡고 있는 인물이 바로 공자가 아니던가. 그의 시교(詩敎)야

쿵푸주루탕의 전경. 천하의 제일 가문인 정통 공자 집안 요리를 내는 식당이다.

말로 중국이라는 나라를 문화국가로 빚어낸 초석이었다. 어디 그뿐인
가. 조선의 경우도 과거시험에서 패스하려면 공자가 편찬했다고 전해
지는『시경』에 실린 시 300편을 처음부터 끝까지 깡그리 외워야만 작
시(作詩)에 임할 수 있었다. 작시는 과거의 필수과목이었던 것이다.

4월 봄날 시외버스 창밖으로 내다보이는 끝없이 펼쳐진 산둥 벌판을
바라보면서 또 한 가지 든 생각은 산둥의 가능성이다. 이른바 옛 이름

으로는 제로(齊魯)라고 불렸던 이 땅덩어리야말로 중국 인문의 기초공사가 이루어진 고장이라면…… . 그 기초가 닦인 것이 대체로 춘추전국 시대였고, 그 시대를 누빈 제자백가의 그 100가 가운데 모름지기 70가 이상이 바로 이곳 산둥 출신이 아닌가. 중원과 사방의 오랑캐라는 구도 역시 21세기에 어떤 식으로 자리바꿈을 할 것인가. 5·4운동 시절 논객으로 이름을 날렸던 푸쓰녠(傅斯年)의 발언대로 중국문명의 기원이 이른바 '중원과 사이(四夷, 사방의 오랑캐)'가 아니라 동계와 서계로 나뉘어 이루어졌다고 하는 설이 주도한다면…… .

쿵푸차이에서 읽는 중국의 미래

그러는 사이에 버스는 이미 취푸 터미널에 당도했고, 버스를 내리니 대학생 몇이 다가와서 인사를 한다. 이방인을 대번에 알아본 게다. 마중 나온 학생 가운데 하나가 손덕준 회장의 종질녀인 쑨웨이웨이(孫偉偉), 취푸사범대학 지리학과 3학년이고 같이 나온 일행은 동학들. 나는 잘됐다고 속으로 쾌재를 불렀다. 공자 집안의 밥상을 받으려면 두 사람으로는 어림없기 때문이다.

취푸 시가지를 통과하여 당도한 곳은 공묘 옆에 붙은 주루탕(九如堂). 당호는 역시 『시경』 가운데 시 한 수로부터 딴 것. 쿵푸차이(孔府茶, 공자 집안의 음식)를 전문으로 차려 내는 식당이다. 일행 여섯이 식탁에 둘러앉자 음식을 연이어 나르는데, 작지 않은 테이블에 음식 접시들이 층층이 쌓여 접시 숫자를 헤아리니 10여 개를 넘는다. 일금

500위안짜리 세트메뉴이다. 일동이 맥주로 입가심을 하고 나서 본격적으로 젓가락 동작에 들어가려는 참에 종원업이 들어와 음식에 대한 설명을 시작한다. 내가 접시에 담긴 은행 알 하나를 젓가락으로 집자 종업원은 마이크를 잡고 음식의 메뉴명을 일러준다. 이름하여 '스리인싱(詩禮銀杏)'. 공자가 아들인 이(鯉)에게 시를 아느냐고 물었을 때 이가 모른다고 하자 시를 모르는 사람을 대하면 벽을 대하는 것과 같다고 한 데서 공자 가문은 시를 몸에 익히는 일을 가문의 전통으로 삼았다는 설명이다. 내가 노르스름하면서도 파르스름하게 구운 은행 알을 씹으면서 속으로 성균관대학교 안에 공자를 모신 대성전 뜰 안의 커다란 은행나무를 떠올리고 있는데, 다시 요리 설명이 이어진다.

'다이쯔상차오(帶子上朝)'. 뜻을 풀면 아들을 데리고 궁궐로 들어간다는 말이다. 거기에도 사연이 물론 있다. 청나라로 접어들면서 공자 집안의 종손은 일품관(一品官)으로 봉해졌으니 이른바 '문신지수(文臣之首, 문신 가운데 으뜸 자리)'이다. 거기다가 집안의 아들을 데리고 말에서 내리지 않고도 자금성 출입을 허용했다. 말하자면 최고의 대접을 받은 것이다. 그런데 취푸에 오기 전 '예습'한 그 다이쯔상차오와 음식 내용도 다르고 담긴 찬구(饌具, 음식 그릇)가 다르다. 본시 다이쯔상차오는 오리와 비둘기를 삶은 요리로, 접시에 담긴 모습이 오리인 아버지가 아들인 비둘기의 손을 잡고 있는 모양새라는 내용을 읽은 기억이 난 것이다. 그런데 식탁 위에 오른 다이쯔상차오는 아무리 봐도 오리와 비둘기는 아니다. 게다가 이 다이쯔상차오를 담아 내는 원래의 찬구 역시 오리와 비둘기 모양새를 본뜬 것이라는데 여기에 있는 접시는

은행 요리인 스리인싱이다.(위)
아이를 데리고 궁궐에 들어간다는 뜻을 형용한 요리 '다이쯔상차오' 인데, 어딘지 엉성하다.(아래)

그와는 거리가 멀다. 대중식당이니 하면서 양해를 할밖에.

나는 쑨웨이웨이와 친구들에게 중국이 왜 아편전쟁 이래 지난 한 세기하고도 반 동안 애를 먹은 줄 아느냐고 물었다. 어안이 벙벙한 젊은 대학생들에게 내가 펼쳐 보인 것은 『중국음식문화사』(왕쉬에다이王學泰 지음)라는 책 가운데 한 페이지였다. 거기 적힌 내용인즉슨 공자 집안의 음식 담는 접시 가운데 '비파형완(琵琶形碗)'이라는 그릇이 있는데, 거기에 상감(象嵌)으로 아로새겨진 문구가 '碧紗待月春調琴, 紅袖添香夜讀書(가야금을 뜯으니 푸른 비단 사이로 달이 뜨고, 야밤에 책을 읽으니 붉은 소매 사이로 향내가 풍겨 오네)'라는 구절이었다.

영문을 몰라 하는 건 젊은 여대생뿐 아니라 설명을 해 주는 종업원도 마찬가지. 이번에는 내가 설명을 할 차례다. 더듬거리는 중국어로 먹고 마시고 거문고 뜯고 시 읊조리고 하는 이런 삼위일체야말로 중국의 '문'의 존재 방식인데, 그러는 동안 게을리하고 돌보지 않은 것이 바로 '무'였다는 설명을 하자 다들 개운치 않은 얼굴이다. 그도 그럴 것이 공자의 고장에 와서 공자 욕을 한 셈이 아닌가. 하지만 내 설명이 다시 이어졌다. 중국이라는 나라가 '문약(文弱)'으로 위기에 처한 것이 지난 세기였으나 이제는 세월이 달라졌다고. 어떻게 달라졌냐. 지난 베이징 올림픽 때 엠블럼에 붉은 도장으로 찍은 글자가 뭐냐. 사람이 춤을 추는 모양새지만, 그건 人＋文이다. 중국의 본색을 인문으로 21세기에 내건 것은 어인 까닭인가. 그건 '문약'이 아니라 '문강(文强)', 문이 강한 힘을 발휘하는 시절이 도래했기 때문이다. 여기까지 이어지자 일동은 고개를 끄덕이기 시작했다.

돌아오는 버스 안에서 나는 중국식문화연구회를 이끌고 있는 자오 룽광(趙榮光) 교수의 말을 떠올리고 있었다. 공자 집안 요리, 곧 쿵푸 차이를 세계문화유산으로 등재하자는 이야기였다. 그가 그 근거로 든 것이 우리 드라마 〈대장금〉과 그 스토리의 기반이 된 한국의 무형문화재 38호 '조선 궁중요리'다. 자오 교수는 지금은 고인이 되신 조선 궁

취푸 시내 대로에 내걸린 쿵푸자주(孔府家酒, 공자 집안에서 만드는 술) 광고

중요리의 최초 전수자 황혜성 선생과 교분이 있는 분이다. 나는 다시 이런 내기를 걸고 있었다. 공자의 집안 요리, 쿵푸차이가 언젠가는 대형 드라마로 만들어질 것이라고. 그리고 그것이 어쩌면 공자의 21세기 모습 가운데 하나가 될지 모른다고. 📔

『금병매』의 배경, 린칭에서 짜장면의 뿌리를 찾아

고전 소설에서 음식을 더듬다

　　짜장면의 배후에는 루차이, 곧 산둥요리가 버티고 있다. 이 산둥요리의 기반을 구성하는 기둥은 일반적으로 둘을 꼽는다. 하나는 옌타이의 푸산요리이고, 다른 하나는 쿵푸차이다. 여기에 산둥요리를 받치는 기둥을 하나 더 추가한다면, 나이가 제법 지긋한 50대에게 낯설지 않은 중국의 고전 에로 소설『금병매』에 나오는 요리다.

　『금병매』에 등장하는 음식을 정리한 것이『금병매식보(金甁梅食譜)』라는 책인데, 거기 실린 메뉴 가운데 한 가지 예를 들면 이렇다. 고우영 화백이 그린 만화『금병매』에서 호랑이를 맨손으로 때려잡은 천하장사 무송의 형이면서 사람 좋은 무대가 파는 떡의 이름이 추이빙(炊餅)인데, 본디 그 떡의 이름은 정빙(蒸餠)이었다. 이름이 바뀐 이유는 송나라 인종의 본명이 정(禎)으로 임금의 이름자와 발음이 같다고 해서 이른바 피휘(避諱, 임금의 이름에 포함된 한자 혹은 발음이 같은 한자를 피

하도록 하는 관례)를 하느라 추이빙으로 변했다는 것이다.

　『금병매식보』가 소개하는 음식, 곧 『금병매』에 수록된 메뉴는 100여 종을 넘어 헤아린다. 그 안에는 정식 요리가 40종, 밀가루로 만든 주식 혹은 간식류 32종, 과일류 19종, 술 10종, 차(茶) 7종 등이다. 이들 음식은 주인공 서문경(西門慶) 일가를 중심으로, 그 주변 인물들이 당시 평소 즐긴 메뉴다. 『금병매』는 비록 서문경의 호사스럽고 황음한 생활을 그렸다고 해서 천박한 '에로 소설'이라는 불명예를 뒤집어쓴 적도 있지만, 소설이 쓰인 명나라 당시 도시 상인의 생활상을 핍진하

게 묘사했다고 해서 거꾸로 '리얼리즘의 높은 봉우리'라는 평판도 동
시에 얻고 있는 작품이다.

린칭에 가야 하는 이유

　　『금병매』의 배경을 이루는 도시는 린칭(臨淸). 이번
산둥행에서 빼놓을 수 없는 도시다. 그렇다면 왜 린칭을 가야 하는가.
작가인 소소생(笑笑生)이 『금병매』를 세상에 내놓을 무렵인 17세기 초

반 무렵의 린칭은 인구가 백만에 가까운, 당시로서는 이른바 메갈로폴리스 수준의 도시였다. 베이징과 항저우(杭州)를 잇는 거대한 물길인 경항대운하의 주요한 중간 경유지로, 경항운하에 설치된 다섯 군데의 차오관(鈔關, 운송되는 물품의 세금을 걷는 관서) 가운데서 조정에 바치는 조세 수입이 제일 많은 곳이었다. 서문경은 그 운하를 통해 전국 각지의 약재와 비단 등을 거래하는 장사꾼이었고, 린칭은 경항운하 최대의 물류 중심지였다. 물류가 모이는 대도회라면 당연히 음식도 그리로 몰려드는 법. 내륙 수로는 각 지방의 메뉴를 그리로 실어 날라 전파하는 경로였다. 린칭에 짜장면의 뿌리를 이루는 단서가 과연 있는가.

아울러 마오쩌둥(毛澤東)도 혀를 내두른 중국의 괴짜 사상가 량수밍(梁漱溟)이 서(序)를 붙일 정도로 평판이 높은 음식 이야기책인 『라오쯔웨이(老滋味, 옛맛을 찾아서)』라는 책 가운데 「린칭과 금병매」라는 짤막한 글 속에서 저자인 저우젠돤(周簡段)이 『금병매』의 여러 판본 가운데 『사화본(詞話本)』이라는 판본에 등장하는 면식(국수와 빵) 종류만도 55종으로, 그중 짜장면과 온면이야말로 당시의 린칭 사람들이 즐겨 먹던 면식이었다고 쓴 구절이 눈을 찔러 왔기 때문이다. 만일 『금병매』에 짜장면이 등장한다면, 짜장면의 뿌리치고는 제법 오래지 않은가. 『사화본』이 세상에 빛을 본 것이 17세기 초반이니 한국에서 짜장면 100주년 운운하는 시점으로부터 200여 년을 훌쩍 거슬러 올라가기 때문이다. 『금병매』에 실려 있다고 그 짜장면을 짜장면의 원조라고 단정하는 것은 섣부르거나 위험하지만, 그래도 먼 조상이 될 자격은 얼마든지 있어 보이는 것이다.

그런데 『사화본』을 검색해 보니 '炸醬麵(짜장면)'이라는 단어는 찾아지지 않는 게다. 이건 어인 영문인가. 당시 린칭 사람들이 짜장면을 즐겨 먹었다는 저우젠렌의 주장이 날조거나 허구란 말인가. 서문을 적어 준 량수밍이라고 하면 중국철학사에서 '한 사상' 하는 인물인데, 그가 서문을 적은 『라오쯔웨이』마저 허언을 늘어놓았단 말인가. 짜장면과 나란히 『금병매』에 등장한다는 그 온면, 우리가 냉면집에 가서 냉면 대신 먹은 그 국수는 『금병매』 제96회에 그 이름을 이렇게 올리고 있다.

이리하여 그들은 구수한 음식 냄새가 풍기는 자그마한 술집으로 들어가 상에 마주앉더니 심부름꾼을 불렀다. (……) 주전자에는 감람주를 부어 왔다. 그들은 작은 잔은 쓰지 않고 사기 옹배기에 부어 마셔 댔다. 후림아가 묻는다. "경제 아우, 자넨 국수를 들겠나 아니면 밥을 들겠나?" 그러자 심부름꾼이 "국수는 온도(溫淘)이고, 밥은 쌀밥입니다" 하니 진경제가 "전 국수를 들겠어요"라고 한다. 이윽고 국수 세 사발이 올라왔다. 후림아가 한 그릇을 들고 진경제가 두 그릇을 먹었다.

진경제는 서문경의 사위로 서문경이 죽고 집안은 몰락하여 신세가 말이 아닌 형편이고, 후림아는 진경제와 한때 거지굴에서 지내던 사내. 심부름꾼이 '온도'라고 한 구절은 무엇인가. '淘'라는 글자는 우리로 치면 쌀을 인다는 뜻. 모래에서 사금을 일 때도 쓰는 한자다. 말하자면 온도란 국수를 뜨거운 물에 헹구어 건져 낸 것이다. 아니면 삶은 국수를 뜨거운 국물에 말아 내면 그것이 온면인 것이고. 그런데 그 주변에 짜장면이라는 단어는 눈을 씻고 찾아도 보이지 않는다.

그러다가 검색의 '수사선상'에 올라온 것이 이름도 기괴한 음식이었다. 『금병매』 제79회에 등장하는 '스샹톈장과지아(十香甛醬瓜茄)'라는 발음하기 영 거추장스런 짠지류의 메뉴다. 뜻을 대강 풀면 오이〔瓜〕와 가지〔茄〕를 춘장에 담가 지를 만든, 우리로 치면 밑반찬쯤 되는 게다. 한 가지 망외의 소득을 건진 것은, 어쨌든 『금병매』에 춘장이 등장한다는 점. 거기에 더하여, 린칭의 지메이장위안(濟美醬園)이라는 간장 공장은 지금부터 200여 년 전 청나라 건륭제가 린칭에 들렀을 때 그 집에서 만든 푸루(腐乳, 발효 두부의 일종)의 맛을 보고 반했다는 오랜 역사를 자랑하는데, 거기서 톈장과(甛醬瓜, 오이 따위를 춘장에 담가 절인 짠지)를 만든다는 것을 인터넷을 뒤져 찾아낸 것이다. 톈장과를 만들었다면 톈장(甛醬, 우리말로 춘장)을 만들 수밖에 없을 터. 그렇다면 웨이하이의 쓰하이 춘장 공장보다 100여 년은 거슬러 올라가는 것이다.

이번 산둥행에 오르면서 린칭을 행선지에 집어넣은 까닭은 과연 거기서 200년 된 춘장의 본포를 혹시 찾을 수 있을까 해서였다. 그때 떠오른 말이 '못 먹어도 고'였다. 스톱할 수 없지……. 암, 1,000km 떨어진 지난까지 왔는데 거기서 150km밖에 안 떨어진 린칭에 아니 가보면 어떡하리. 하여 다음은 린칭으로 '고' 한 이야기로 이어진다.

린칭에서
만난
짜장면의 사촌,
스샹몐

경항운하의 도시, 린칭

산둥의 북방 한갓진 도시인 린칭으로 가는 시외버스
에 몸을 실은 것은 4월 23일 오전 9시. 고속도로가 아닌 지방도로로
150km 정도니 약 두 시간 반 잡으면 되는 길이다. 당도한 것은 12시
무렵. 명색이 시(市)인데 시골 냄새가 풀풀 풍기는 것은 오토바이를
개조한 삼륜차가 터미널 근처에 즐비한 것을 보면 알조다. 중국은 택
시 요금이 도시의 크기에 따라 달라지는데, 베이징에서 10위안 하는
기본요금이 싼 도시로 가면 3위안이다. 린칭의 삼륜오토바이는 기본
요금이 1위안.

이런 작은 도시를 처음 방문하는 경우 터미널 근처 가판대에서 지도
를 산 다음 아무 데나 쭈그리고 앉아 지도를 펼쳐 도시가 얹혀진 판도
와 목적지를 눈대중한다. 그리고 그 도시에서 제일 큰 신화서점에 들

러 그 도시에 관한 책을 사는 것이 순서다. 그 도시를 소개하는 책자가 있으면 그날은 운수가 좋은 날인데 대부분이 없다. 그럴 경우 그야말로 맨땅에 헤딩인 것. 터미널 가판대에서 지도를 사서 1차 목적지인 차오관을 뒤져냈고, 이어서 경항운하가 흐르는 다리를 찾아낸 것까지는 좋았으나 삼륜오토바이를 타고 찾아간 신화서점에서는 린칭에 관한 책자는 없단다.

일단 택시를 탄다. 딴에는 멋을 부린 제법 불량스러워 뵈는 젊은 기사가 백미러로 이방인을 보면서 말을 건다. "당신은 어디 사람인가?" 이때 내가 늘 대답하는 식은 "맞혀 보라"이다. 린칭에서는 한국 사람을 볼 일이 없는지라 화교냐고 묻는다. 한국인이라고 이실직고하면서 이 도시에 한국인이 있느냐고 물으니 자신이 모는 택시에 한국인을 태워 보기는 처음이라고 하면서 〈대장금〉 이야기를 꺼낸다. 외모와 달리 붙임성이 있는 기사다. 차오관, 경항운하 다리, 지메이장위안 등의 행선지를 밝히면서 실은 짜장면의 뿌리를 찾아서 이곳에 왔노라고 하자, 택시는 갑자기 중앙선을 넘어 방향을 바꾸더니 클랙슨을 요란하게 울리면서 쌩하니 달리기 시작한다. 차오관이 자리 잡은 곳은 시 중심에서 약간 떨어진 후미진 뒷골목. 대낮에 할머니 한 분이 손자를 데리고 마실을 나오는데 골목은 오물투성이다. 퇴락해 버려지다시피 한 차오관에 내려 사진을 찍는다.

다음 행선지는 경항운하가 흐르는 다리. 일단 택시에서 내려 다리 위로 올라가 운하를 내려다보면서 사진 한 컷. 다시 담배 한 대를 피워 물면서 저 운하가 없었다면 중국이라는 나라가 달라도 한참 달라졌을

경항운하를 가로지르는 다리. 자동차가 다니지 못하게 막아 놓은 것은 다리가 위험하기 때문이란다. 저 다리를 건너면 허베이 성(河北省)이다.

텐데, 하는 상념이 꼬리를 문다. 저 대운하가 없었다면 남북의 물산이 연안을 따라 해로를 통해 운송되었을 터이고, 그랬다면 중국이라는 나라가 지금껏 못 벗고 있는 그 해양 콤플렉스도 없었을 것이 아닌가.

차에서 같이 내려 동행을 하던 기사가 담배를 권하면서 말을 건다. 중국 택시 기사들이 담배 인심 후한 것은 아는 사람은 다 아는 사실. 담배를 내밀면서 스샹몐을 아는가 하고 묻는다. 그러고는 스샹몐이나 베이징 사람들이 즐겨 먹는 라오베이징자장몐이나 그게 그거고, 자신이 작년까지 그 스샹몐 식당을 운영했다는 것이다. 스샹몐이라……. 국수 종류인데 사투리가 워낙 심해 발음만을 듣고는 얼른 감이 잡히지 않는다. 메모지를 꺼내 써 보라고 하자 일필휘지로 갈긴 이름은 '十香面'. '스샹톈장과지아'의 바로 그 스샹(十香)이다. 이럴 수가. 내가 내처 물었다. 그래서 그 식당이 지금도 있는가. 대답은 자기 아우뻘 되는 이에게 맡겨서 지금도 운영을 한다는 것. 기사가 그리 가 볼 테냐고 묻기에 내 입에서 나도 모르게 "당근이지"라고 나왔다가 다시 "당란(당연하지)"이라고 고쳐 대답한 것은 모두 지방 사투리에 물이 든 탓이다.

유서 깊은 지메이장위안

기사는 신바람이 났다. 신바람이 난 건 좋은데 쏜살같이 경적을 빵빵거리며 내달린다. 그 가운데 길거리의 먼지 속에서 간판이 눈에 띈다. 지메이장위안이라는 간판 아래 쇼윈도를 보니 장차이(醬菜), 곧 우리말로는 짠지를 파는 가게다. 가게 안으로 들어가 거무튀튀한 장차이를 사서 맛을 보니 춘장에 박아 담근 오이지. 옆에는 그보다 넓적하고 큰 짠지가 있기에 무엇으로 담근 거냐고 묻자 중년의 미인 종업원 아줌마가 선글라스를 낀 낯선 이방인에게 생글거리면서 알아맞혀 보라면서 조금 떼어 주기에 맛을 보니 아삭거리는 참외 짠지다. 참외는 중국어로 톈과(甛瓜). 톈장에 톈과를 박아넣었으니 톈톈, 달콤달콤이다. "톈미미(甛蜜蜜)"라고 하자 종업원이 박수를 치면서 깔깔거리고 웃는다. 〈톈미미(첨밀밀)〉는 홍콩 여배우 장만위(張蔓玉) 주연의 영화로 키스신이 일품인 것을 그녀가 떠올린 모양이다.

그 광경을 지켜보던 택시기사가 다시 끼어든다. 본 공장이 저쪽 큰

1792년에 문을 연 지메이장위안 공장 입구

길에 있으니 거기 가 보자는 것이다. 지메이장위안 본점이 따로 있냐
고 묻자 종업원 아줌마가 생글거리는 얼굴로 기사를 따라가 보란다.
다시 택시를 타고 대로를 몇 개 돌아가니 도로 한복판이 온통 파헤쳐
진 채 그야말로 엉망진창이다. 차에서 내려 골목을 돌아가니 과연 거
기에 지메이장위안이 턱하니 버틴 채 자리 잡고 있는 것이다. 배에서
는 꼬르륵 소리가 들린다. 문을 열고 들어가 이번에는 점잖게 생긴 중
년의 남자 종업원에게 허락을 구한 뒤 사진을 찍고 이것저것 묻는다.
라오쯔하오(老字號, 우리에게 가까운 한자어로는 노포)답게 현액은 멋들어
지고 장차이가 담긴 그릇에는 '건륭어제(乾隆御製, 건륭황제가 만들었
다)'라는 글씨가 찍혀 있다.

이름난 공장답게 갖가지 짠지와 장 따위를 갖추고 있다.

스상면을 먹은 보람

　　다음 행선지는 물론 기사가 작년까지 운영했다는 스상면을 파는 그 집이다. 3분도 채 안 걸려 도착한 곳은 대로변의 한 식당인데 간판에 옆으로는 작은 글씨로 서우간몐(手擀面, 손으로 반죽해서 민 국수)이라 적혀 있고, 가운데는 대문짝만 하게 스상몐이라고 적혀 있는 것이 아닌가. 바로 이거다. 이윽고 차려진 스상몐. 기사 말대로 베이징에서 먹던 라오베이징자장몐과 크게 다르지 않다. 다만 곁들이로 딸려 나온 몐마(麵碼, 우리로 치면 단무지와 양파 따위의 채소)가 열 가지라는 것. 오이채, 마늘쫑, 완두콩 등등. 일단 사진을 찍고 나서 배가

6위안(약 1,100원)짜리 스상몐. 춘장에 돼지고기 볶은 것과 토마토를 계란과 볶은 것 두 가지로 고명을 냈다. 고명을 얹고 열 가지 채소를 넣어 비벼 먹는다.

고프니 이것저것 마구 때려넣어 비벼서 게걸스럽게 먹고 나니 살 것 같다.

주방장이 담배를 권하면서 말을 건넨다. 실은 춘장을 볶으면서 돼지고기에 톈장과를 같이 넣고 볶아야 제맛인데 요즘 사람들은 건강 타령을 하느라고 짠 것을 싫어해서 안 넣었단다. 옳거니, 바로 그거다. 춘장 맛이 밴 볶은 돼지고기와 춘장에 박은 오이지가 짜장 고명에 같이 섞여 있다면……. 그거 맛이 그럴 법하지 않은가. 그건 그렇고 수제하나를 풀어 주는 힌트는 역시 경항운하다. 『금병매』가 쓰여진 그 시절에 만일 스샹몐이 있었다면, 그 스샹몐이 경항운하를 타고 베이징에 전해진 것은 너무나 자연스런 일이 아닌가.

어쨌거나 린칭 걸음은 적어도 헛걸음은 아니었다. '못 먹어도 고'가 아니라 '고'해서 먹었으니 말이다. 뭘 먹었는가. 스샹몐, 곧 짜장면의 사촌 형뻘 되는 그 국수를 먹은 것이다.

춘장과
대파의
비밀

대파를 즐겨 먹는 산둥 사람들

짜장면의 뿌리를 찾아 나선답시고 지난 4월 황해 바다를 건너 산둥에 도착하여 웨이하이, 옌타이, 지난, 린칭 등을 둘러보면서 이모저모 느낀 바가 없지 않았다. 근자에 짜장면에 '필이 꽂혀' 이러쿵저러쿵 사석에서건 아니면 학술발표회를 빙자한 공식 석상에서건 짜장면에 관해 썰을 풀어 온 셈인데 가면 갈수록 모르겠고 어렵다.

그러던 차에 짜장면과 루차이에 대해 그렇구나 하고 무릎을 치게 만든 일이 있었으니, 정작 산둥에서 돌아오고 나서였다. 같은 전공의 후배인 대구의 K가 "이거 엄청 재미있심더. 함 보이소"라고 무뚝뚝한 경상도 사투리와 함께 내민 것은 중국의 드라마 시디였다. 제목부터가 기괴했으니 이름 하여 〈촹관둥(闖關東)〉. 산둥 사람들의 만주 이주를 다룬 드라마다. 2007년 중국을 휩쓸었고, 한국의 드라마 페스티벌에서도 각본상을 받았단다. 그런가 보다 하고 산둥에서 돌아오고 나서 며칠을 묵히고 난 어느 날, 점심을 먹고 나서 식곤증에 보태는 셈으로 화면을 들여다보다가 그만……. 전체 52부작을 사흘 동안에 다 봐 버렸으니 잠잘 때를 빼고 삼시 세 끼 밥을 먹으면서도 노트북 화면에서 눈을 떼지 않은 게다. 나는 왜 이 드라마에 빨려 들어갔는가.

산둥 사람들의 만주 이주를 다룬 내용이 한국에 거주하는 산둥 출신 화교 이민사의 거울과 같은 구실을 한다는 점이 그 하나요, 그 드라마에서 중요한 비중을 차지하는 것이 바로 음식이라는 점이 둘이다. 한국에 거주하는 산둥 출신 화교와 짜장면의 또 다른 버전인 게다. 게다가 한국 화교 가운데 산둥에서 황해 바다를 직접 건너온 것이 아니라 산둥에서 만주로 건너갔다가 거기서 다시 한반도의 이남인 한국으로 내려온 이들도 적지 않은 때문이다. 각설하고 드라마 안으로 들어가 보자.

전체 52부작 가운데 먹는 장면이 수도 없이 등장하는데, 그 가운데 눈을 찌르는 메뉴가 다름 아닌 대파다. 시퍼런 날파를 만터우(饅頭, 소를 넣지 않는 밀가루 빵)에 곁들여 먹는 장면이 허다하게 화면을 메운다. 그건 그렇다 치자. 우리가 밥을 먹으면서 풋고추를 된장에 찍어 먹는 것과 그게 그러니 말이다. 하지만 실은 그게 그거는 아닌지도 모른다. 다음 대사를 보자.

식당 주인 (주방을 향해 아내에게 혀가 꼬부라진 소리로) 여기 대파하고 춘장 한 접시 가져와요. 날이면 날마다 끼니면 끼니마다 먹는 게 죄다 기름진 음식이라서 이 대파가 없으면 안 되죠. 배갈하고 대파는 그게 그거라니까.

^{주찬원} (역시 혀가 꼬부라진 소리로) 우리 아버지 입에 밴 소리가 뭔 줄 아세요? 대파 한 뿌리면 겨울을 난다는 거예요, 글쎄.

여기서 대파 한 뿌리면 겨울을 난다는 말이 무엇인가. 이시진의 『본초강목』에 의하면 파는 '치상한(治傷寒)', 곧 감기를 떨어뜨리는 데 효과를 발휘하는 채소로서 이른바 '채소의 맏이〔菜伯〕'라 불린다. 흥미로운 점은 이 대파가 산둥 출신의 주인공 주찬원의 고향인 장추 특산물인데, 장추의 대파는 큰 놈은 길이가 1.5미터에 한 뿌리의 무게가 몇백 그램을 넘는 것도 있으며, 마오쩌둥도 생전에 이 장추 대파를 즐겨 먹었다는 것이다.

추위, 술, 기름기, 대파, 춘장

중국의 땅덩어리를 사람들은 즐겨 남북으로 나누거니와, 남북의 방향감각을 주곡과 결합시키면 남미북면(南米北麵), 곧 남쪽에서는 쌀을 주식으로 하고 북쪽에서는 밀을 주식으로 한다는 말이 나온다. 거기에 다시 술을 보태면 '남황북백'이라 일컬을 수도 있다. 곧 남쪽에서는 도수가 낮은 황주(黃酒), 북쪽에서는 도수가 높은 바이주(白酒, 우리로 치면 배갈도 여기 포함된다)를 즐겨 마신다. 북방에서 바이주를 먹는 이유는 간단하다. 한겨울 추위를 이기기 위해서다.

바이주를 마시는 데는 기름진 안주가 필요한 법. 그런데 그 기름진

드라마 〈촹관둥〉의 한 장면. 아래의 길이가 긴 저 파가 바로 장추의 대파다.

안주에는 또 다른 세팅이 필요하다. 드라마에서 다른 대사를 보면 답이 나온다. 주찬원 모친의 대사다.

내가 막 관둥에 처음 도착했을 때가 겨울인데 배추하고 무가 얼마나 먹고 싶던지. 그런데 그게 하늘의 별보다 더 구경하기 힘들었다네. 허구한 날 감자 아니면 왜(倭)오이지 뭔가. 느끼해서 구역질이 나는 것들을 먹고 나면 생각나는 게 바로 우리 동네 장추의 대파였다네.

이 대사는 주카이산이 66세 생일을 맞아 아내와 함께 고향인 산둥을 찾아갔을 때 주카이산의 아내가 고향 사람들에게 만주의 먹을거리에 관해 들려주는 대사다. 주카이산의 아내는 감자와 오이를 두고 느끼하다고 한다. 느끼하다는 이 표현을 중국어로 옮기면 '니(膩)', 즉 고기 기름기를 뜻한다. 유니짜장의 '유니(油膩)'도 기름이 많다는 뜻. 주카이산의 아내는 왜 감자와 왜오이를 먹으면서 그런 느끼한 채소류 대신 맵고 자극성이 강한 장추의 대파를 그리워했을까.

대파는 느끼한 맛을 강한 매운 맛으로 중화시키는 몫을 하는 채소다. 추운 날씨→독한 술→기름진 안주로 이어지는 음식 코드에 슬며시 얹어진 것이 바로 대파다. 그런데 거기서 그치지 않는다. 대파를 날로 먹으면 매운 맛이 있으므로 그것을 춘장에 찍는 것. 앞서의 대화에서 음식점 주인이 아내에게 대파와 함께 춘장을 가져오라고 한 것도 바로 이 때문이다. 이렇게 해서 산둥 요리의 한 코드가 완성된다. 추운 날씨→독주→기름진 안주의 느끼함→대파의 자극성→춘장으로 연결되는 선이 그것이다. 이 대파가 한국에 와서 짜장면에 얹히면서 양파로 바뀌었음은 두말하면 잔소리.

덧붙여 춘장이라는 명칭에 대해서 한마디. 춘장은 중국어 위키피디아에도 '春醬'이라고 나와 있다. 하지만 춘장이야말로 와전된 발음이자 표기다. 파를 뜻하는 중국어 '총(蔥)'을 찍어먹는 장, 곧 '총장'의 와전된 말일 성싶다. 그리고 이 와전된 말이 그야말로 한중 합작의 절묘한 고안이다. '총'과 '장'은 둘 다 양성모음이므로 같이 붙어 다닐 경우 서로 충돌을 일으킬 수 있다. 음양의 조화를 이루기 위해서 '총'의 'ㅗ'가 뒤의 '장'의 양성모음 'ㅏ'와 조화를 이루기 위해 음성모음 'ㅜ'로 변한 것이 아닐까. 거기에 '총'의 받침인 'ㅇ'은 뒤에 붙은 '장'의 초성(初聲)인 'ㅈ'의 영향을 받아 치음(齒音)이 되면서 'ㄴ'으로 되지 않았을까.

〈창관둥〉을 보고 나서 내친김에 우리 민족의 만주 이민 이야기를 다룬 『토지』를 오랜만에 다시 읽었는데, 만주에서 길상 등 우리 동포가 먹는 술이 죄다 황주다. 추운 만주에서는 바이주 혹은 배갈을 마셔야 제격일 터. 이미 고인이 되신 박경리 선생 살아생전에 이 말씀을 전했어야 하는데…… 📝

베이징으로
가는 길,
상하이에서 만난
짜장면의 발자취

한중일이 담긴 라면 한 그릇

지난 4월의 산둥행을 마치고 다시 중국 길에 나선 것은 8월 12일. 짜장면의 뿌리를 찾아 나서는 이 두 번째 코스의 주요 방문지는 베이징이다. 20세기 초반 옌타이의 푸산요리가 베이징의 식당가를 가히 점령하다시피 했던 구체적 실상을 살피기 위해서다. 하지만 베이징에 입성하기 전 먼저 들른 곳은 상하이. 인근 쑤저우(蘇州)에서 약속이 한 건 있으니 우선 상하이를 경유해서 쑤저우에서 볼일을 본 다음 베이징으로 가는 도정이다. 홍차오공항의 대합실을 나온 것은 오후 한 시 무렵. 공항 1층 로비에 간판 하나가 눈에 들어온다. '五ッ木亭'이라 쓰인 밑에 '日式沙龍拉面'이라 적혀 있다. 옳거니. 저게 바로 일본식 라멘인 게다.

일본인들의 국수에 대한 애정은 놀라울 정도다. 우동이니 소바니

하는 국수가 도시마다 특색 메뉴로 있으며, 지역마다 페스티벌이 있
으니 말이다. 우동과 소바가 수백 년 동안 호각지세로 각축을 벌이다
가 근자에 한 가지가 더 끼어들었다. 그게 바로 중화라멘, 곧 중국식
국수류로 이들 세 가지 국수가 삼족정(三足鼎), 곧 삼국지의 형국을 연
출해 보이고 있는 것이다. 중화라멘의 특징이라면 국물을 육류, 특히
돼지뼈로 끓이는 데 있다. 우동과 소바는 쇼유(일본식 간장)에 생선, 곧
멸치나 이른바 가쓰오부시라 일컫는 다랑어 말린 놈을 넣어 끓인 국
물을 낸 것. 일본은 메이지유신 이전까지 육식이 금기였다. 흥미로운
점은 중국의 국수가 일본으로 건너가 중화라멘으로 불리다가, 상하이
로 건너와서는 일식라멘으로 둔갑했다는 점이다. 말하자면 국적이 뒤
바뀐 것.

　메뉴판을 보면서 주문한 것은 이름하여 '五ッ木亭泡菜燒肉麵'. 우리
김치를 고명에 얹은 국수다. 나는 면과 돼지고기와 숙주 그리고 김치
를 입에 넣으면서 바야흐로 21세기는 음식이 삼국지를 연출하는 세기
가 되겠구나 하는 생각을 하고 있었다. 중국에서 일본으로 건너갔다가
다시 중국으로 되돌아온 그 국수에 김치가 얹혔으니 명실 상부 삼국
하이브리드다. 하네다→김포→홍차오의 세 공항으로 이어지는 셔틀
노선이야말로 이런 음식 삼국지를 이어 주는 길인지도 모른다.

　계산을 치르고 나오는데 저쪽으로 이상한 간판이 눈을 찌른다. 烏冬
面(우동몐). 일본어의 うどん(우동)을 중국어로 표기한 이름이다. 그런
데 실은 '우동'이라는 일본어도 중국에서 넘어간 것을 일본어로 옮겨
적은 것이다. 일본의 첫 세대 중국문학자인 아오키 마사루(靑木正兒)

홍차오공항에서 마주친 일본식 라멘 가게.(위) 한중일의 흔적을 이 한 그릇에서 찾아볼 수 있다.(아래)

교수의 고찰에 의하면 일본어 우동은 중국어의 원툰(餛飩)에서 비롯된 것이니 말이다. 중국의 餛飩이 일본의 うどん이 되고, 중국으로의 재이주 혹은 귀향이 이루어지면서 烏冬面이 된 것이다. 이 烏冬面은 홍콩이나 타이완에 가면 다시 烏龍麵(우룽몐)으로 둔갑한다. 한 가지 더 보태면 그 우동은 한국의 중국음식점으로 이민을 올 때는 전혀 다른 국물이 되었다. 일본식 쇼유가 아니라 소금으로 간을 해서 맑은 국물이 되었으니 말이다.

가운데 적힌 烏冬面, Noodle, Udon 옆에 한글로 '우동', 일본 글자로 'うどん'이 병기된다면 완벽한 언어의 하이브리드가 된다.

불이 꺼져서 짜장면은 불발

시계를 보니 이미 오후 2시. 쑤저우로 가기 전 상하이에서 한 군데를 더 찍어야 하는데 시간이 많지 않다. 서둘러 택시를 타고 향한 곳은 상하이 궈지판뎬(國際飯店). 궈지판뎬은 뉴욕의 마천루를 본뜬 빌딩으로, 건물을 짓던 1934년에는 '극동에서 제일 높은 건물(遠東第一高樓)'이었다. 중국의 민족자본이 힘을 합해 지어서 그런지 상하이의 이른바 '영(零)번지'로 건물 피뢰침을 기점으로 하여 상하이 시 좌표계와 도시 계획이 이루어진단다. 그 건물 2층에 푸산, 곧 우리 한반도에서 중국음식점을 운영하는 화교들과 동향인 셰프들이 경영하는 펑쩌러우(豊澤樓)가 자리 잡고 있는 것이다.

택시를 내려 안으로 들어가 프런트에 물어보니 2층을 가리킨다. 이미 오후 세 시 무렵이라 홀이 텅 비어 있다. 카운터에 가서 한국에서 짜장면과 루차이를 취재 왔다고 하니 징리(經理, 매니저)를 불러 준다. 징리는 50대의 여인. 용건을 말하자 반갑게 맞으면서 펑쩌러우의 내력을 들려준다.

1930년대 당시 궈지판뎬은 도합 여섯 개의 음식점이 들어선, 말하자면 먹자 빌딩이었다. 1층 커피숍, 2층 펑쩌러우, 3층 서양식 레스토랑, 14층 마찬가지로 서양 식당, 15층 광둥 요리점, 18·19층에는 또 다른 서양식 음식점이 들어서 있었으니, 그야말로 동서 양대 음식의 집합지였던 것. 호텔 건너편에는 파오마팅(跑馬廳, 경마장)이 있었다. 식당에서 음식을 즐기면서 말들이 달리는 광경을 즐길 수 있었던, 말하자면

뉴욕의 마천루를 본뜬 귀지판넬.
이 빌딩 2층에 유명 인사들이 많이 찾는 식당인 펑쩌러우가 있다.

최고로 전망 좋은 식당 건물이었다.

특히 2층의 펑쩌러우는 베이징 펑쩌위안(豊澤園)의 '장궤'인 롼쉬에탕(欒學堂)이 당시 상하이 영화계를 주름잡던 후디에(胡蝶)의 권유로 차린 음식점이다 보니 유명 배우들의 발길이 끊이지 않았다. 베이징 경극계의 1인자인 메이란팡(梅蘭芳)도 소련에 가기 전 이곳에 들렀다. 찰리 채플린은 평소 오리고기를 먹지 않았는데(자신의 걸음걸이가 오리 걸음이라는 이유로) 이 펑쩌러우에서 만든 샹쑤야(香酥鴨, 오리를 찐 다음 다시 튀긴 요리)를 맛보고는 그야말로 '맛이 가서' 출국하면서 별도로 한 마리를 싸 가지고 갔다. 단골손님에는 이런 예술 분야 인사뿐만 아니라 정계와 재계의 인사들도 기라성 같았다. 사대가문의 쑹쯔원(宋子文), 쿵샹시(孔祥熙)를 포함하여 장제스(蔣介石) 부부도 단골이어서 장제스의 부인인 쑹메이링(宋美齡)은 펑쩌러우에서 늘 음식을 집으로 시켜 먹었다. 신중국 성립 이후 상하이의 첫 시장을 지낸 천이(陳毅)도 회식을 자주 열었단다.

일사천리로 이어지는 식당 내력의 설명을 끊고 내가 물었다. "말하자면 단골로 국민당과 공산당을 초월해 양쪽 인물이 모두 포함되어 있었네" 하니 연신 고개를 끄덕이면서 "두이두이두이" 한다. 옳다는 뜻이다. 다시 내가 들고 간 자료를 보여 주며 "그 단골 가운데는 임시정부 시절 우리의 초대 대통령 이승만도 포함되어 있다는데, 혹시 관련 자료나 사진이 있는가?" 하고 묻자 그건 금시초문이란다. 시계는 네시 무렵. 내가 다시 "짜장면을 지금 먹을 수 있나?" 하고 묻자 난처한 표정을 짓는다. 이 시각에는 주방에서 불을 꺼서 음식을 만들지 않고 오후 다섯 시에나 가능하다는 것. 다섯 시는 훙차오공항에서 쑤저우로 가는 일행과 만나기로 한 시각이다. 짜장면 사진은 불을 꺼서 불발인 게다. 다음 기회로 미룰밖에.

나는 훙차오공항으로 향하는 택시 안에서 '불을 끄다'라는 말을 되뇌고 있었다. 옛날처럼 석탄이나 조개탄을 피워 요리를 하는 것이 아니라 필시 가스불을 피울 것이라면 어째서 불을 끈 게 대수인가 하는 물음이 떠올랐다가, 이내 위안을 삼은 것은 중국요리란 대저 '불을 다루는 게 7할(三分技術七分火)'이라는 말이었다. 루차이야말로 불을 다루는 공력을 으뜸으로 치는 요리가 아닌가.

펑쩌위안에서
맛본
푸산요리,
총사오하이선

국자를 씻으며 요리를 배운 왕이쥔

8월 14일 상하이에서 쑤저우를 거쳐 베이징으로 가는 밤비행기 안에서 내내 골몰한 생각이 이랬다. '8월 18일 아침 귀국이니 베이징의 일정은 적잖이 빡빡하네. 사흘 동안 푸산방(福山幫, 푸산 출신 요리사)이 경영하는 음식점 네댓 군데를 취재하고, 라오베이징자장몐을 먹어 봐야 할 것이며, 한국 화교의 중국음식점에서 한국식 짜장면도 빠뜨릴 수 없고, 그 밖에 라오베이징자장몐을 만드는 데 없어서는 안 될 춘장이나 황장(黃醬)을 만드는 류비쥐(六必居)도 빼놓을 수 없고……, 또 서점에도 들러야 하는데……, 시간을 어떻게 쪼개야 하나?' 그러면서 잠이 들었다 깨기를 여러 차례 한 거였다.

8월 15일, 우리로 치면 광복절 오전. 첫 방문지는 상하이의 펑쩌러우에 이은 베이징의 펑쩌위안판좡(豊澤園飯莊). 택시 안에서 '상하이

펑쩌러우 지배인의 말로는 펑쩌러우가 징차이관(京菜館, 베이징 요리를 파는 음식점)이라고 했겠다. 말하자면 상하이에서는 루차이가 명함을 못 내밀고 있는 것이다. 징차이(京菜, 베이징 요리)란 실은, 여러 논자들이 이구동성으로 입을 모으고 있듯이, 루차이를 위주로 하여 장쑤차이(江蘇菜)와 칭전차이(淸眞菜, 소수민족인 회족〔回族〕의 요리) 등 기타 지방 요리들이 그야말로 '잡거(雜居)'하여 이루어진 요리가 아닌가 하는 말을 속으로 뇌까리면서 한국에서 가져간 『중국 팽임대사—왕의균 전(中國烹飪大師—王義均傳)』을 뒤적이고 있는데 밑줄을 그은 대목이 눈에 들어온다.

1933년 옌타이 푸산에서 태어난 왕이쥔(王義均)은 12세 때 베이징으로 와서 옌타이 출신 사장이 운영하는 즈메이러우(致美樓)에서 견습생으로 주방 생활을 시작하다가 곧 펑쩌위안으로 옮겼다. 그가 주방에서 제일 먼저 한 일은 주방의 선배 조리사들이 조리를 할 때 쓰는 국자를 씻는 일이었단다. 당시 국자의 개수는 47개. 그 47개로 하루 종일 수백 개의 요리가 만들어졌다. 그 국자들을 매일 씻으면서 열두 살짜리 소년 왕이쥔은 국자에 묻은 탕즙의 맛을 훔쳐 보기 시작했다. 매일같이 선배 조리사들의 장단점을 혀끝으로 감식하면서 탕의 맛을 내는 비법과 원리를 혀로 깨칠 수가 있었다. 루차이의 풍미 특색은 탕즙, 곧 국물의 맛을 으뜸으로 친다고 한다.

요령 좋게 선배들의 조리 비법을 익힌 그에게 기회가 온 것은 약관을 갓 넘긴 21세 때. 마침 독일 라이프니츠에서 열린 세계엑스포에서 세계요리시범대회가 열렸다. 4명의 중국 대표 가운데 제일 젊은 대표

해삼왕이라는 칭호의 주인공, 왕이쥔 셰프. 사진 속 요리가 총사오하이선이다.

로 참가해서 우수상을 획득한 것이다. 메뉴는 푸산요리를 대표하는
'총사오하이선(蔥燒蔥蔘)', 물에 불린 말린 해삼과 대파를 볶은 요리
다. 서양인들은 처음 보는 해삼 요리를 대하면서 탄성을 질렀다. 해삼
이라는 기이한 해산물 요리를 처음 먹어 본 것이다. 이후 왕이쥔은 미
국, 이탈리아, 일본 등 세계 각지를 돌면서 중국요리를 시범 보이는 국
제적인 셰프의 반열에 올랐고, 아울러 국가에서 부여하는 중국 국보급

펑쩌위안의 외관.(위) 로비에 진열된 해삼. 위쪽 가장 오른쪽이 최고 상품으로 한 개에 388위안(약6만 원)이다.
손님이 직접 고르면 주방에서 조리에 들어간다.(아래)

팽임대사 10인 가운데 첫 자리에 이름을 올리게 되었다는 대목을 눈으로 훑어가며 예습을 하는데 택시가 멈춘다. 첸먼(前門) 앞 펑쩌위안에 당도한 것이다.

베이징의 입맛을 사로잡은 해삼 요리

택시에서 내려 일단 건물 외관을 사진기에 담은 다음 식당 안으로 직진. 11시하고도 반을 넘긴 무렵이라 치파오(旗袍)를 입은 두 명의 아가씨가 현관에서 손님을 맞는다. 한국에서 루차이를 취재하러 온 사정을 이야기하고 지배인의 면회를 신청하자 아가씨가 안으로 쪼르르 달려가더니 중년의 사내와 더불어 나온다. 명함을 주고받고 수인사를 나눈 다음 우선 내부 사진을 찍어도 좋은지 묻자 흔쾌히 허락을 해 준다. 홀 안으로 들어가니 테이블 군데군데서 김이 모락모락 피어오르는 접시를 앞에 놓고 가족들이 식사를 즐기고 있다. 토요일 점심이니 가족 단위 회식일 터. 노인들이 눈에 많이 띈다. 홀을 지나 안쪽에 마련된 이른바 야젠(雅間, 특실)에 들어가니 방마다 이름이 붙어 있는데 푸산팅(福山廳)이니 웨이하이팅(衛海廳)이니 펑라이팅(蓬萊廳)이니 하는 지역 이름들이 쓰인 현판이 붙어 있다. 모두 자오둥 일대의 지명들. 왕이쥔이 그곳 출신임을 일러 주는 간판인데, 실은 그 일대가 모두 해삼의 명산지다. 보하이 만 인근에서 나는 해삼은 이른바 '츠선(刺參, 돌기가 가시[刺]처럼 딱딱한 해삼)'이라고 해서 특품인지라 남방의 육질이 무른 해삼과는 비교가 안 된다고.

홀 안을 사진 찍고 나오니 지배인이 기다리면서 나를 로비 한쪽으로 데리고 간다. 거기에는 해삼을 선전하는 문구가 적힌 선전판과 함께 물에 불린 말린 해삼들이 여러 종류 진열되어 있는데 각기 가격이 표시되어 있다. 이른바 해삼왕이라는 놈은 마리당 388위안, 우리 돈으로 6만 원이 넘는다. 지배인의 말로는 연간 해삼 요리 매출액만 1천만 위안, 우리 돈으로 18억 원이니 하루로 치면 500만 원 전후.

20세기로 접어들면서 푸산요리가 베이징의 요리계를 점령한 주요한 비결 가운데 하나가 바로 이 해삼 요리다. 명나라 사람 사조제(謝肇淛)가 지은 『오잡조(五雜組)』라는 중국음식 문헌에서는 해삼을 이렇게 설명한다.

海蔘, 遼東海濱有之. 一名海男子, 其狀如男子勢. …… 其性溫補, 足敵人蔘, 故名海蔘.

(해삼은 요동의 해변가에 자란다. 일명 바다의 남자라 부르는데 그 생김새가 마치 남자의 세를 과시하는 듯하다. …… 몸을 따뜻하게 보하는 것이 인삼에 필적할 만하다고 해서 이름을 해삼이라고 지었다.)

말하자면 남성처럼 생겼고, 남성에게 좋고 특히 노인 건강에 좋다니 그만하면 설명이 필요 없다. 사조제가 이 해삼을 특필한 이유도 새삼 납득이 가는 것이, 그가 살던 명나라 말엽 천자들은 수명을 서른을 넘긴 이가 드물었으니 말이다. 청나라 말엽도 대동소이하다. 말하자면 양기의 화신이어야 할 황제들이 시들시들해지는 것을 막는 데는 인삼과 해삼이 최고라는 결론이니, 인삼과 해삼을 밝히는 것도 이상한 일이 아닌 것이다. 명나라의 마지막 황제인 만력제 당시 푸산 출신의 한 요리사가 궁정에서 해삼과 전복 등이 들어간 '전가복'을 메뉴로 바쳤다는 일화가 전하는 것도 그 연장선 위에 있다. 푸산요리인 '총사오하이선'이 베이징을 점령한 이유 가운데 하나가 바로 이 해삼에 있을 법한 것이다.

평쩌위안을 나오면서 나는 또다시 이런 엉뚱한 생각에 사로잡히는 것이었으니…….

'이번에 귀국하면 한의학에 밝은 사람에게 물어봐야겠다. 해삼과 인삼이 혹시 상극이 아닌가' 하고 말이다. 왜냐, 그렇게 남자에게 좋은 해삼에 인삼을 합쳐 요리를 하면 어떨까 해서다. '양삼(兩蔘)'이라고 하면 한중 양국의 합작이 그럴듯하지 않은가. 이름도 '총사오하이선'이 아니라 '총사오양선'이라고 불러야겠지…….

베이징에서 찾은
짜장면의 흔적

짜장을 몇 스푼

더 올려놓으면서 생각하기를,

물기가 적어 팍팍한데 비벼질까.

하여 다시 국물이 있는 고명을

위에 몇 수저 얹는 순간

배에서 다시 신호가 온다.

베이징
류비쥐에서 찾은
짜장면의
흔적

가다가 식칼 구경부터

　　말복을 지났건만 8월 중순 베이징의 날씨는 여전히 덥다. 하지만 같은 더위라도 예전과는 다르다. 필시 기후가 고온건조에서 고온다습으로 바뀐 모양이다. 습기를 머금은 상하이의 여름 무더위나 베이징의 더위가 그게 그거니 말이다. 펑쩌위안을 나와 택시를 타려다 말고 도보로 황장과 춘장을 파는 류비쥐(六必居)가 자리 잡은 쳰면 앞쪽으로 발길을 옮기면서 베이징의 날씨가 예전 같지 않다고 느낀 것은, 2008년 이맘때 열린 베이징올림픽 당시 하늘의 습기를 걷어 내기 위해 인공강우용 폭탄을 쏘았다는 이야기가 생각난 까닭일까.

　　손수건으로 땀을 연신 훔치면서 길가에 '老北京炸醬麵(라오베이징자장몐)'이라는 간판을 단 집 몇을 지나치려는데, 길 건너편에 눈에 익은 간판이 하나 들어온다. 이름 하여 왕마쯔(王麻子), 식칼을 파는 오래된 가게다. 음식을 만드는 데 저 칼이 없으면 아니 될 노릇이렷다 하면서 빼놓을 수 없다는 듯이 찻길을 무단 횡단하여 건너가서는 가게를 보는 중년의 사내와 아줌마에게 한국에서 라오베이징자장몐 취재를 위해 베이징에 왔노라고 사정 설명을 하고는 사진을 찍겠다고 허락을 구하니 선뜻 동의해 준다. 이럴 때 제일 기분이 좋은 것은 누구나 그럴 것이고.

식칼을 파는 왕마쯔의 외관(위)
왕마쯔 진열대에서 본 커다란 식칼은
그야말로 '칼 도(刀)'처럼
생겼다.(아래)

하여 한국 사람들이 제일 좋아하는 음식이 바로 짜장면이라고 하자 놀란 눈으로 라오베이징자장몐과 같으냐고 묻기에, 내 대답이 같으면서도 다르고 다르면서도 같다고 하자 알쏭달쏭한 표정으로 다시 "어떻게 같으면서 다르냐?"고 재차 묻기에 "사연이 아주 복잡하다"는 말을 할밖에. 거기서 시간을 길게 보낼 짬이 없는 게다. 진열대 위에 올려진 식칼에 카메라 셔터를 누르면서 문득 떠오른 한자가 칼 도(刀)였다. 생김새가 영판 닮지 않았는가. 서양인들이, 아니, 외계인이 보더라도 고개를 끄덕일 것이라고 하자 종업원들이 손뼉을 치며 웃는다.

콩과 밀이 장의 운명을 가르다

왕마쯔 점포를 나와 다시 땀을 닦으며 골목 몇 개를 돌아 도착한 첸먼 앞의 대로 바로 뒷골목에 자리 잡고 있는 오래된 가게가 류비쥐. 그 뒷골목은 우리로 치면 종로통 대로를 따라 길게 이어지는 뒷골목인 피맛골쯤 된다. 거기에 다시 우리로 치면 된장에 해당되는 황장과 고추장에 해당되는 몐장(麵醬), 그리고 짠지류를 파는 점포가 처음 들어선 것이 1530년이니 지금으로부터 470년을 넘어 헤아리는데, 그 점포는 한 번도 자리를 옮기지 않았단다. 류비쥐(六必居)란 여섯 가지가 집안에 있어야 한다는 뜻. 본디 柴〔장작〕, 米〔쌀〕, 油〔기름〕, 鹽〔소금〕, 醬〔간장이나 황장〕, 醋〔식초〕, 茶〔차〕의 일곱 가지가 있어야 하는데 그 일곱 중에서 차를 빼고 여섯으로 줄인 것이다. 그래서 차는 다른 데서 파는 모양인가. 하기야 차는 배를 불리고 난 다음에 마시는 음료니까…….

500년 가까운 세월 자리를 지켜 온 류비쥐의 간판은 명나라의 명필가 엄숭의 글씨라고 전해진다.(위)
류비쥐의 진열대에 놓인 여러 종류의 장(아래)

나는 또다시 내기를 건다. 이 집이 개점 500주년을 맞이하는 그 해, 2030년이면 세상이 과연 어떻게 될까. 우리가 마요네즈와 토마토케첩을 상식하듯이 서양 사람들도 중국의 황장과 춘장을 먹지 말라는 법이 없지 않은가. 어디 그뿐이겠는가. 한국식 된장과 간장도 먹을 테고 일본의 된장 미소는 이미 서양인들 입맛에 맞게 되었거늘.

일단 점포 밖에서 간판을 카메라에 담는다. 저 간판도 제법 사연이 많은 간판이다. 명나라 때 고관인 엄숭이 써 준 간판이라는데, 낙관이 없어서 진위 여부가 아직도 사람들 입에 오르내리고 있단다. 엄숭은 탐관오리로 유명한 권세가였지만 붓글씨 하나는 가히 명필이었는데, 특히 六必居의 가운데 글자인 必의 ㄴ의 끄트머리를 끌어올려 위로 삐친 부분이 글씨에 힘을 실었다고 평가받는다.

그다음 순서는 안으로 들어가 종업원 아가씨에게 라오베이징자장몐을 취재하러 왔노라고 사정 설명을 하는 차례. 종업원 아가씨는 생글거리면서 '쑤이벤(隨便, 좋으실 대로)'이라고 승낙을 해 준다. 카운터에서 계산을 하기 위해 줄을 선 손님들도 그런가 보다 하고 관심을 끄고 있다. 워낙 외국인들이 많이 찾는 골목인 것이다.

진열대 위에 올려진 장이 담긴 그릇을 찍고 나서 장의 이름을 살피는데, 글자 하나가 판독이 안 되기에 물어보니 예의 생글거리던 아가씨가 '稀(희)'라고 메모지에 적어 보여 준다. 그 옆은 '干(간)'이다. 같은 황장이라도 묽기와 되기에 따라 '희'와 '간'으로 나뉘는 것인가. 다시 묻는다. "그럼 짜장면은 뭘로 만드는가?" 그랬더니 손가락으로 '干醬(간장)'이라 쓰인 용기를 가리킨다. 다시 묻는다. "베이징카오야(북경오리)

를 밀쌈에 싸 먹을 때 파를 찍는 장은 어떤 건가?" 그러자 톈장(話醬)이
라 적힌, 우리말로 춘장 용기를 가리킨다. 용도가 각기 다른 장인 게다.

　나는 그 순간 베이징 출신의 유명한 문물(文物) 전문가로 중국에서
처음 발간한 중국음식 레시피 모음집인 『중국명채보』의 베이징 풍미
편의 서문을 쓴 왕스샹(王世襄)의 발언을 떠올린다.

　　장바오지딩(醬爆鷄丁)의 산둥 토박이 조리법은 톈몐장(話麺醬)만을
쓰는데, 지금 베이징에서는 황장을 쓰거나 황장에 톈몐장을 섞어 쓴
다. 톈몐장은 달지만 맛이 깊지 못하고 황장은 고소하고 맛이 깊지만
달지 않다. 황장에 설탕을 가미하면 구수하면서도 달달한 맛을 낸다.

　장바오지딩이나 라오베이징자장몐이나 그런 점에서 대동소이한지
도 모른다. 라오베이징자장몐을 만드는 레시피를 인터넷에서 뒤져 볼
라치면 거개가 류비쥐의 황장에 톈위안장위안(天圓醬園)의 톈장을 섞
어 만든다고 하지 않던가.

　베이징은 옌징(燕京)이라고도 한다. 燕은 제비인데 봄이면 제비가
날아오는 곳은 말하자면 농사를 지을 수 있는 땅이요, 그 너머, 다시
말해 베이징 북곽을 둘러싸고 있는 만리장성 너머는 제비도 날아 넘지
않는 땅, 곧 농사를 지을 수 없는, 따라서 풀만 자라는 초원 지대인 게
다. 거기서는 유목만이 가능하다. 그런 점에서 만리장성은 중원과 오
랑캐를 나누는 경계선이기 이전에 강수량의 많고 적음으로 농업과 유
목을 가르는 자연지리의 경계선이다. 이런 경계선은 작물에도 어김없

이 적용되었으니, 만주는 콩의 원산지요 산둥은 밀이 자라는 고장이
다. 거기서 장의 운명도 갈린다. 콩을 많이 함유한 것이 황장이라면 밀
을 많이 함유한 것이 톈장이니 말이다. 그 장을 만드는 콩과 밀의 함유
량은 다시 짜장면의 장에도 개입하여 구수하고 텁텁한 맛을 내는 황장
을 주로 하여 볶은 것이 라오베이징자장몐이라면, 그보다는 좀 달달한
맛을 내는 춘장의 함유량을 많게 하여 볶은 것이 산둥의 짜장면인 셈
이다. 그 짜장면이 한국에 와서는 그 단맛으로도 모자라 식용 첨가물
인 캐러멜을 넣어 더욱 달아졌고, 오래전 단것이 부족했던 아이들의
입맛을 사로잡은 것이 아니던가. 🖉

베이징의
본바닥
짜장면
맛 기행

택시기사의 추천을 따르다

　　본바닥 베이징 짜장면〔老北京炸醬面〕을 먹으러 어디
로 가나. 기실 베이징에 오기 전 한국에서 인터넷을 통해 라오베이징
자장몐이 어디가 맛이 있는지 검색을 한 차례 한 바 있기는 하지만,
'비까번쩍'한 간판을 내건 집보다는 일반 시민들이 길을 가다가 아무
렇게나 들르는 집이 어떨까 하는 생각이 든 것은 택시 안에서이다. 언
제나 그렇듯이, 택시기사와 말을 주고받으며 현지의 물정과 인심을 살
피는데, 우선 짜장면을 자주 먹느냐고 물은즉, 자주 먹긴 먹는데 집에
서 해 먹는단다. 그러면서 덧붙이는 말이 짜장면은 자창차이(家常茱,
집에서 늘 해 먹는 메뉴)라는 거다. 자창차이라……. 그래도 가끔 외식
을 할 수 있지 않냐고 물으니 가끔 가는 집이 바로 저기라고 손가락으
로 가리키면서 덧붙이기를, 택시기사들이 잘 가는 집이란다. 옳거니.

한국에서도 기사식당이라고 하면 음식 맛이 대체로 그럴듯하지 않은
가. 기사가 차를 세운 곳 앞에는 과연 택시 몇 대가 서 있었고, 식사를
마친 기사가 담배를 피워 문 채 잠깐의 휴식을 즐기고 있는 정경이 눈
에 들어온다.

택시 요금을 내면서 간판을 올려다보니 '京味齋老北京炸醬面'이라
는 간판이 눈에 들어온다. 京味齋(경미재)라……. 京味라면 베이징의
맛이라는 뜻일 테고, 齋라면 이 음식점에는 목욕재계를 하고 나서야
들어갈 수 있단 말인가. 택시기사가 일러 주어 내리기는 했지만 간판
에 적힌 齋라는 글자가 눈에 걸린다. 아취(雅趣)를 내거나 멋을 부리려

베이징 거리의 짜장면집. 우리로 치면 제법 큰 동네 중국음식점쯤 된다.

면 제대로 부려야지 하는 생각이 들었다가, 그런 볼멘 생각도 잠시인 것은 우리 김지하 시인이 '밥이 하늘'이라고 한 시구절이 생각난 까닭이다. 중국의 사마천도 『사기』에 적기를 '民以食爲天(백성은 먹을거리를 하늘로 여긴다)'이라 했으니, 음식을 대함에 경건한 태도로 먹는 게 도리에 맞는다. 하지만 이런 이름을 둘러싼 시비를 가릴 계제가 아닌 것이 이미 오후 세 시. 배에서는 연신 빨리 짜장면을 인풋하라는 신호가 들리는걸.

대동소이냐 소동대이냐

식당 안으로 들어가니 그 시각에도 자리가 제법 차 있다. 맛은 괜찮은가 보다고 생각하는데 키가 쪼그만 아가씨가 말똥말똥한 눈으로 "몇 분이시죠?"라고 물으며 다가온다. "한 사람"이라고 말한 다음 사진을 찍어도 좋은지 묻자 외국인, 아니 실은 한국 사람임을 대번에 알아본 아가씨가 허락을 해 준다. 여행을 하는 것은 내게는 사진을 찍어도 좋은가 하고 허락을 얻는 일인가 보다고 생각하면서 쓴 웃음을 짓자 아가씨가 자신을 보고 웃는 줄 알고 따라 웃으니 다시 나도 덩달아 웃는 수밖에.

면 삶는 시간은 사진을 찍으라고 주어진 시간인 셈이다. 벽에는 베이징 거리의 옛적 모습을 담은 사진을 크게 확대해서 붙여 놓았고, 이곳저곳에 옛날 베이징의 풍속을 담은 엉성한 그림들도 걸어 놓았다. 속으로 아무렇게나 그려 넣은 싸구려 풍속도와 품위 없이 확대해서 걸

식당 안에는 베이징 옛 모습 사진이 크게 걸려 있다.(위)
내가 고교 시절 학교 앞 중국집에서 짜장면을 먹을 때 앉았던 의자 바로 그 모양새다.(아래)

볶은 짜장 등 여러 종류의 고명을 취향대로 면 위에 얹어 먹는다.(위) 곁들이 채소의 종류도 다양하다.(아래)

어 놓은 옛날 사진들이 제격으로 어울린다고 생각하면서 사진기 셔터를 눌러 대기를 얼마를 했을까. 식탁 위에 그릇이 하나 올려진다. 면이 담긴 그릇을 들고 엉거주춤 다가간 곳은 이른바 몐마(麵碼, 곁들이 채소류)와 자오터우(澆頭, 고명)가 그릇에 담긴 테이블. 보온 용기에 볶은 짜장을 위시해서 정체를 가늠하기 힘든 여러 종류의 고명들이 담겨 있고 옆에는 데친 숙주, 대부분의 한국인들이 질색을 하는 샹차이(香菜, 고수), 채친 오이와 채친 붉은 순무 따위의 채소들을 담은 그릇들이 놓인 테이블이다. 거기서 일단 볶은 짜장을 올린 다음 채소를 올리고 자리로 돌아와 비비려고 하니 비벼지지가 않는다. 하는 수 없이 다시 가서 짜장을 몇 스푼 더 올려놓으면서 생각하기를, 물기가 적어 팍팍한데 비벼질까. 하여 다시 국물이 있는 고명을 위에 몇 수저 얹는 순간 배에서 다시 신호가 온다. 어서 넣지 않고 뭘 꾸물거리느냐는 것이다.

마구 비빈 짜장면이 이윽고 입으로 넘어간다. 이때 정신을 차려야 한다. 맛을 감식해야 하는 임무를 방기하면 아니 되는 것. 한국 짜장면과 어디가 어떻게 다른가. 숙주와 오이 그리고 샹차이 따위 채소의 맛이 우리네 짜장면과 다른 건 그렇다 치고, 뭐니 뭐니 해도 맛을 짚어야 하는 것은 볶은 짜장의 맛이다. 면과 어우러진 첫 입에 혀로 감겨 온 맛은 물론 한국 짜장면과 다르다고 속으로 뇌까리려는데 어딘지 같은 맛이 혀의 미각 세포를 자극하는 게다. 이런 경우를 두고 대동소이(大同小異)라고 해야 하나 아니면 소동대이(小同大異)라고 해야 하나 하는 물음을 스스로 던지면서 다시 한 젓가락.

그리고 다시 이어지는 물음. 언젠가 산둥의 쯔보에 갔을 때 라오베이징자장몐 집에 들러 짜장면을 먹는데 그 집 젊은 주인이 다가와서 던진 그 질문이다. 한국 짜장면이 맛있는가 아니면 자기네 집 짜장면이 맛있는가. 이구동성으로 한국인들과 한국의 산둥 출신 화교들이 외친다. 물론 한국식 짜장면이 맛이 훨씬 좋지. 그러자 베이징 시민들이 냉소를 머금으면서 가당치도 않은 소리 지껄이지 말라고 아우성이다. 음식 전쟁이 벌어진 것이다. 한국 짜장면의 편을 드는 쪽은 라오베이징자장몐이 짜다고 하고, 반대편은 한국 짜장면이 달아서 제맛이 아니라고 한다. 이런 전쟁에 심판이 있다고 한다면 어느 나라 사람을 불러야 할까. 국수의 나라이자 서구에서도 음식을 가지고 뽐을 내는, 마찬가지 국수 종류인 파스타를 즐겨 먹는 이탈리아인들에게 심판을 맡긴다면……. 아니면 우동과 소바를 즐겨 먹는 일본인들에게 심판을 맡긴다면…….

결국은 또 패가 나뉠 것이다. 달달한 맛을 좋아하는 일본인들은 아마도 많은 수가 한국 짜장면의 편을 들 것이고, 이탈리아인들은 단맛보다는 깊은 맛에 반해 라오베이징자장몐의 편을 들지 모르겠다. 아아, 그러나 그 반대일 경우가 생기지 말라는 법은 없으니……. 한 가지 분명한 것은 대동소이냐 소동대이냐를 놓고는 의견이 일치할 듯싶다. 일본인들은 자신들이 즐겨 먹는 국수인 우동과 소바와는 다르니 두 개의 짜장면의 맛은 서로 같은 점이 많다고 할 것이고, 이탈리아인들도 대체로 같은 견해가 아니겠는가. 말하자면 같고 다른 것은 완전히 다른 편과의 차이를 통해 드러나는 법이 아닌가. 옛적에 공자님이 '三人行 必有我師(세 사람이 길을 가면 그 가운데 스승 자격을 갖춘 사람이

갖가지 고명을 넣고 비빈 라오베이징자장몐. 우리 짜장면과 색깔, 아니 때깔이 다르다.

있다)'라고 설파한 것도 마찬가지 원리다. 양자가 서로 잘났다고 우기면 반드시 심판을 봐 줄 제3의 인물이 있어야 하나니.

그런데 대여섯 젓가락을 먹고 나니 다시 국수가 빽빽해진다. 나는 또 자오터우와 몐마가 놓인 테이블로 가서 짜장을 다시 한 숟가락 넣고는 이름을 알 수 없는 국물을 또다시 두어 숟가락 넣은 다음 자리로 돌아왔다. 그러고는 한 말이 "우리 짜장면처럼 녹말물을 고명에 풀면 짠맛을 줄이고 국수가 잘 비벼질 텐데⋯⋯"였으니. 🗒

베이징
후이펑탕의
푸산요리

권력, 연예, 음식이 얽힌 곳

        베이징에서 아직도 푸산 출신 요리사들이 세를 과시
하고 있는 라오쯔하오인 후이펑탕(惠豊堂)은 공주펀(公主墳) 근처의 한
백화점 뒷골목에 자리 잡고 있었다. 서울로 치면 신촌 로터리쯤 될까.
도착한 시각은 11시 30분경. 안내하는 아가씨가 예의 그 인사말 "환잉
광린(歡迎光臨)" 하고 소리를 치고는 몇 사람이냐고 묻는다. 손가락 하
나를 펴 보이며 한 사람이라고 하자 잠시 기다리란다. 자리가 없다는
것이다. 안쪽을 힐끗 둘러보니 홀 안은 이미 북적거리고 있다. 궁상스
럽게 손님 한 사람이 식탁 하나를 차지하고 앉을 계제가 아니다. 눈치
를 채고 손님이 많으니 한 시간쯤 있다가 다시 오겠다고 하자 지배인
복장을 한 아가씨가 반색을 한다.
    밖으로 나와 건물 외관 사진을 한 장 찍고 나서 담배를 한 대 피워
물고는 식당 건물 맞은편 벤치에 앉아 후이펑탕의 옛날이야기를 떠올

린다. '惠豊堂'이라는 휘호는 청말 중국을 쥐락펴락하던 여걸 서태후의 솜씨. 악명 높은 서태후건만 글씨체 하나만은 단아하기 이를 데 없다. 후이펑탕과 서태후는 어떤 관계이기에 당대 최고 권력자인 그녀가 음식점의 간판을 써 주었는가.

서태후의 음식상은 호사가 극한 것이었다. 상 위에 올린 요리는 기본 백 가지 이상이었고, 하루 음식을 만드는 데 드는 비용은 일반 백성의 몇 년치에 해당되는 것이었으며, 심지어 1900년 서양의 8개국 연합군이 베이징을 점령하여 시안(西安)으로 피신하면서도 어용 기차의

후이펑탕의 외관. 서태후 측근들이 커넥션을 이용해 만든 음식점이다.

임시 주방 안에는 화덕만 50개였단다. 그녀의 옆에는 늘 그림자처럼 따라다니는 리롄잉(李蓮英)이라는 내시가 있었다. 본디 쳰먼 앞의 건달이었는데 서태후가 머리치장을 하고 사진 찍기를 즐긴다는 점을 알고 여인네의 머리 매무새 만지는 기술을 익힌 다음 서태후에게 접근하는 데 성공했고, 내시로서는 최고 관등인 종5품을 넘어 정3품에 이르렀다. 그에게는 리지량(李季良)이라는 양자가 있었다. 당대의 권력가를 양아버지로 두었으니 그야말로 무소불위였을 테고.

당시 자금성 안에는 서태후를 위한 서선방(西膳房)이라는 주방이 별도로 있었다. 물론 서선방 소속의 정식 요리사 말고도 〈대장금〉으로 치면 '대령 숙수'쯤 되는 이도 부지기수였다. 그중 한 사람이 바로 류더장(劉德章)이라는 푸산 출신 숙수였다. 알고 지내던 동향의 장주인(張祖蔭)은 리지량과 의형제 사이였다. 푸산 출신인 이들은 서태후로부터 은혜를 풍부히 입는다는 뜻의 '후이펑탕'라는 당호의 제자(題字)를 리롄잉을 통해 서태후에게 부탁했고, 서태후는 총애하는 리롄잉의 말을 듣고는 두말 않고 그 자리에서 붓을 잡았다.

리지량은 경극 계통에 특히 발이 넓었다. 서태후가 광적인 경극 팬이었으니 사정은 짐작이 가고도 남는다. 서태후가 툭하면 행차하던 별궁 이화원에는 서태후를 위한 전용 경극 공연 무대가 있을 정도였다. 이 대목에서 惠豐堂이라는 간판에서 堂이라는 글자가 기호학적 의미를 발한다. 곧 '당'이라는 이름을 붙일 만한 식당이라면 그 안에 시타이(戲臺), 곧 경극을 공연할 수 있는 무대장치를 별도로 갖추고 있다는 의미다. 리지량의 아이디어는 주효했다. 당대의 명연기자와 명가수들

惠豐堂飯莊

慈禧太后親題

후이펑탕의 간판.
서태후가 친히 제자를 했다고
작은 글씨로 써 놓았다.

이 후이펑탕의 무대에 섰고, 연기가 끝나면 연석이 이어졌다. 말하자면 스타 마케팅인 셈이다. 권력-연예-음식의 세 코드가 이렇게 이어진 식당이 바로 푸산 출신이 경영하던 후이펑탕이거니…….

푸산 출신의 추천 요리

여기까지 생각이 이어졌을 때 종업원 아가씨가 건너편 길가에 쭈그리고 앉은 내가 딱했는지 쪼르르 달려와 자리를 마련했단다. 안내를 받아 들어간 곳은 이른바 야주오(雅卓), 말하자면 홀이 아니라 별실이다. 별실에는 노인네 부부와 딸인 듯한 중년 여성 그리고 외손녀로 보이는 중학생 여자아이가 앉아 있다. 가족끼리의 단란을 불청객이 깬 것이다. 엉거주춤하면서 눈치를 보는데 노인네가 앉으라고 권한다. 그쪽에서도 이쪽 눈치를 한참 보다가 노인네가 입을 연다. "한국인이지?" "바로 보셨다. 지금 루차이를 취재하고 있는데, 한국 화교의 많은 수가 푸산 출신"이라고 하는 순간 노인네의 눈빛이 달라지며 젓가락을 놓으면서 왈, "나도 푸산 출신이다. 푸산요리가 최고지". 이렇게 해서 그날 점심에는 임자를 만난 셈.

종업원 아가씨가 내미는 메뉴판을 내가 돋보기를 끼고 들여다보자, 노인네가 덴차이(点菜, 요리 주문)의 훈수를 둔다. "이 집에서는 뭐니 뭐니 해도 짜오류산바이(糟溜三白)가 최고지. 그걸 들어 보슈. 절대로 후회하지 않을걸. 다른 집은 짜오류위펜(糟溜魚片)이지만 이 집은 세 가지로 만들었단 말씀이야. 그리고 우위단탕(鳥魚蛋湯)도 먹어 봐야 할

걸. 우위단탕은 우리 마오쩌둥 주석께서도 칭찬을 아끼지 않은 메뉴거든." 노인네가 시키는 대로 주문을 할밖에. 내가 짜장면을 취재하러 왔다고 하자, 이번에는 안양반이 말을 거든다. "여기 칭탕몐(淸湯麵)이 얼마나 국물이 시원한데요." 외손녀는 머리가 허연 두 노인네가 주고받는 대화가 재미있는가 보다. 그날 점심은 이렇게 해서 한중 합석이 이루어진 거였다.

노인네의 푸산요리 강의가 연신 이어지고 나는 어느새 받아 적는 학생이 되어 있었다. 짜오류위몐은 명나라 융경제(隆慶帝)의 입맛을 사로잡은 메뉴로 유명한데, 흰살 생선인 쏘가리를 쓴단다. 이 집에서는 거기에 조개 패주와 바이링구(白靈菇)라는 버섯류을 더해 세 가지 흰색을 갖춘 특색 요리로 개발한 것이란다. 우위단탕 국물을 먹으면서 우위는 우짜이위(烏賊魚)인데 우리말로 오징어로 발음한다고 하면서 오징어가 알[蛋]이 있느냐고 묻자 뭐라고 대답을 하는데 도무지 알아들을 수 있는 수준의 단어들이 아니다. 하여 노트를 꺼내들고 적어 달라고 하자 우위단은 오징어 수컷의 정자로, 노인네들에게 좋은 보양식이라고 토를 단다.

이어서 내가 다시 한국의 짜장면과 라오베이징자장몐이 실은 형제지간으로 푸산라몐의 자식들이 아닌가 생각하고 있다고 하자 놀란 눈으로 묻는다. 한국에도 짜장면이 있냐는 거다. "그렇다. 그걸 다큐멘터리로 만들 생각이 있다"고 덧붙이자 노인네는 놀란 눈을 더 동그랗게 뜨고 술잔을 부딪치면서 간베이를 청한다.

바로 그때 딸이 시계를 보면서 점심시간이 끝났으니 자신은 먼저 일

안양반이 추천한 칭탕몐. 푸산차이의 특기는 국물에 있다.(위)
푸산차이의 대표 메뉴인 짜오류산바이(아래 왼쪽)와 우위단탕(아래 오른쪽)

어서고 다른 사람은 더 대화를 나눈란다. 나 역시 일어서야 할 시간이
다. 다음 행선지인 퉁허쥐에서도 또 불을 껐다고 하면 낭패가 아닌가.
그건 그렇고, 퉁허쥐에 들렀다가 호텔로 돌아가면, 노인네가 푸산요리
의 특징이라면서 적어 준 '거우첸(勾茨)'이 뭔지 사전을 뒤져야 할 일
이었다.

베이징
퉁허쥐에서
맛본
싼부잔

만주국 황실 가문에 온 일본 여인

8월 17일 오후 2시. 베이징의 또 다른 푸산 출신 음식점 퉁허쥐(同和居)로 향하는 택시 안에서 나는 한 개의 한자를 떠올리고 있었다. 라오베이징자장몐의 라오(老), 라오바이싱의 라오, 역사가 오랜 유명 브랜드를 뜻하는 라오쯔하오의 라오, 이들 라오를 우리말로 어떻게 옮기면 좋을까. '늙을 로'로 뜻을 풀이하는 이 '라오'라는 글자를 단순히 늙어서 한물간 그 무엇으로 취급하면 그건 틀린 대답이 되는데……

오후 2시 30분 무렵. 퉁허쥐가 들어서 있는 싼리허(三里河) 일대의 거리는 한산했다. 택시에서 내리니 길 건너편에 '同和居'라는 간판이 보인다. 길을 건너기 전에 우선 사진 한 컷을 찍고, 길을 건너서 간판을 올려다본다. 제자(題字)를 한 푸제(溥杰)는 우리에게는 영화 〈마지막 황제〉로 널리 알려진 청나라 황제 푸이(溥儀)의 아우다. 1911년 청나라가 망하면서 중화민국이 들어섰고, 그로부터 20여 년이 지난 뒤인 1937년 일본이 중일전쟁을 일으켜 만주국을 세우면서 일본은 푸이를 만주국의 꼭두각시 황제로 앉혔다.

일본 육사를 졸업한 푸제는 일본 천황 가문의 피가 섞인 귀족 집안

퉁허쥐의 외관. 상호 옆으로 제자를 한 푸제의 이름이 보인다.

의 사가 히로(嵯峨浩)라는 여인과 결혼했다. 조선의 영친왕이 일본 여인 이방자 여사와 결혼을 한 것처럼 다분히 강제성을 띤 양국의 정략결혼이었다. 졸지에 만주국 황실 가문에 편입된 사가 히로를 만주로 떠나보내면서 일본의 천황비가 한 말이 "중국 황실의 음식을 배워 일본 황실에 전수할 수 있으면 얼마나 좋을까"라는 충고였다. 만주국 수도인 신징(新京, 지금의 창춘〔長春〕)에서 신접살림을 차린 그녀에게 청나라 시절 어선방의 주방장인 샹롱(尙榮)이 일주일에 한두 차례 요리 가정교사로 청나라 황실의 요리를 전수했다.

일본이 패전하면서 푸이는 전범이 되었고, 만주국 황제의 근위대에서 근무하던 푸제도 마찬가지 신세가 되었다. 푸제가 전범이 되어 중국의 감옥에 갇히면서 부부는 이산가족이 되었다. 부부에게는 두 딸이 있었다. 전쟁이 끝난 지 16년째 되던 해 일본에 살던 푸제의 맏딸은 중국의 저우언라이(周恩來) 총리에게 한 통의 편지를 썼다. 아버지와의 편지 왕래를 허락해 달라는 부탁이었다. 저우언라이는 아버지를 보고 싶다는 딸의 간절한 소망이 담긴 편지를 읽으면서 눈시울을 붉혔다. 저우 총리는 푸제를 석방시키는 동시에 부인 사가 히로와 딸을 중국으로 불러 베이징에서 살게 했다.

베이징에서 16년 만에 만난 부부. 그들은 국적을 넘은 정략결혼을 통해 이루어진 부부였으나 서로에게 애정이 있었다. 사가 히로는 다시 청나라 황실의 요리를 배운다. 저우 총리가 그녀에게 예전 청나라 궁중 요리사 출신들로 이루어진 음식점 팡산판좡(仿膳飯莊)의 뎬신(點心, 간식)을 담당하는 원스푸(溫師傅)를 그녀에게 보낸 것이다. 그녀는 자신이 배운 요리로 저우 총리를 초빙했다. 그 자리에는 차오위(曹愚)와 라오서(老舍) 등 일본 유학 경험이 있는 베이징의 내로라하는 문인들도 초청되었다. 저우 총리는 왕년에 일본에서 1년 동안 유학하던 시절 먹었던 양갱 따위의 일본 음식 이야기를 화제로 올렸다. 그러자 사가 히로가 일본요리를 만들어 총리에게 대접하고 싶어도 음식 재료가 없는 것이 안타깝다고 했고, 그 자리에 배석한 랴오청즈(廖承志) 외교부장이 즉석에서 일본 주재 중국영사관에 전문을 보내 요리 재료를 보내라고 지시했다는……. 예전 이야기가 아련한 전설처럼 전해져 온다.

중국과 일본의 가교 역할을 한 쌴부잔

하지만 그게 다가 아니다. 내가 퉁허쥐를 방문한 주목적은 하나의 요리를 맛보기 위해서다. 그것은 이름도 괴이한 '쌴부잔(三不粘)'. 잔(粘)은 점성을 뜻하니 잘 들러붙는다는 뜻인데, 그게 앞의 부(不)라는 수식에 의해 부정되고 있으니 안 들러붙는다는 뜻이고, 쌴(三) 곧 셋은 접시와 수저와 이를 가리킨다. 부연하면 이 음식은 식기에 들러붙지 않고 수저에 들러붙지 않으며 이에 들러붙지 않는다는 뜻을 가진, 그야말로 해괴한 이름의 음식인 것이다. 계란 노른자에 녹말가루를 풀어 약한 불에서 빠른 속도로 400여 번을 휘저으면 쌴부잔이 되는데, 그 젓는 솜씨와 화력의 세기에 따라 粘이냐 不粘이냐가 결정된단다.

중요한 것은 이 쌴부잔이 중일 양국의 가교 역할을 했다는 점이다.

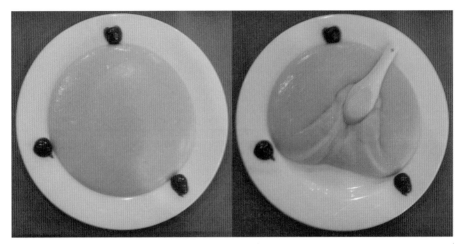

쌴부잔을 주문하여 실험을 해 보니, 정말 들러붙지 않았다.

중국과 일본의 수교가 갓 이루어지고 난 시절, 사가 히로 여사가 일본 천황에게 권한 중국 음식이 바로 쌴부잔인데, 항공기편으로 공수를 해서 맛을 본 일본의 천황 히로히토가 그 맛에 매료되었다는 거다. 히로히토 천황은 쌴부잔을 먹으면서 나가사키 카스텔라를 떠올렸을까. 계란 노른자와 밀가루 그리고 설탕으로 만든 노란색의 카스텔라, 비슷한 재료인 계란 노른자와 설탕과 녹말풀로 만든 쌴부잔은 맛과 색깔이 비슷하다면 비슷하다. 음식 관련 에피소드치고는 제법 의미가 없지 않다. 전쟁을 치른 적대국이었던 두 나라 사이에 부부가 동원한 것이 음식, 그것도 후식이었으니 말이다. 쌴부잔이야말로 양국을 잇는 보잘것없는 듯하나 실은 남의 눈에 띄지 않는 가교가 아니었던가.

아래층에서 '百年老字號'라는 간판 사진을 찍고 2층 식당에 들어서니 예상했던 대로 점심 장사를 마치고 종업원들이 홀을 정리하고 있는

1층 출입구에서 샤오츠(군것질거리)를 파는 카운터에 '백 년이 되어 믿어도 좋은 퉁허쥐' 라고 씌어 있다.(위) 왼쪽은 저우쯔, 오른쪽은 주티. 우리로 치면 족발이다.(아래)

중이다. 지배인도 자리를 비우고 없다. 싼부잔을 못 먹으면 헛걸음이 되는 셈이다. 별수 없이 루차이를 연구하는 중인데 싼부잔을 시식해 볼 수 없겠느냐고 사정을 이야기하니 종업원이 하는 말이 '불을 껐다'는 예의 그 말이다. 그런데 옆에 있던 다른 종업원이 주방에 이야기를 해 보잔다. 잠시 후 다시 나타난 그 종업원이 잠시 기다리면 싼부잔을 내오겠단다. 쾌재라는 게 바로 이런 때 쓰는 단어임을 실감했다.

10여 분을 기다렸을까. 시간이 제법 걸린 것은 주방에서 싼부잔을 만드는 조리사가 팬에 담긴 재료를 휘젓느라고 땀깨나 흘린 시간일 것. 이윽고 식탁 위에 오른 싼부잔. 물론 실험을 해 봐야 한다. 들러붙는가 아닌가. 중국식 순가락인 사오쯔(勺子)로 가만히 밀면서 들어 올리자 노란 푸딩처럼 생긴 음식이 위로 말려 올라가면서 접시에 붙지 않고 얌전히 떨어진다. 순가락에도 묻지 않고 이에도 들러붙지 않는다.

하지만 나는 그걸로 그치지 않았으니 그 싼부잔을 손가락에 올려놓고 비벼 문질러 본 것이다. 음식에 대한 예의가 아니지만, 그 찰진 점성이 완전히 사라진 것은 아닐 것이므로. 그 찰진 점성은 예상했던 대로 풀처럼 들러붙는다. 말하자면 각막 같은 것이 터지면 그 안의 숨어 있던 계란풀이 점성을 드러내는 것은 아마 이 기이한 '계란 녹말풀'로 두 나라를 붙이기 위함이 아니던가. 그건 그렇고 이 싼부잔에도 녹말이 들어간 것이 혹시 우리 짜장에 녹말을 넣어 볶은 것과 연관이 있는 건 아닌가. 🖉

그리고
산둥으로의 초대

맑은 국물에 국수를 만 다음

거기에 짜장 볶은 고명을 얹은 것이다.

우동과 짜장을 '짬뽕'하다니……,

하는데 젊은 기사가

자기가 먼저 칭탕자장면을 주문한다.

나도 따라서 "짜이라이 이완(한 그릇 더)"

제나라와
강태공의
생선 요리

솥에서 문(文)의 시대를 예감하다

10월 중순을 넘긴 무렵 중간고사 기간을 이용하여 짜장면의 뿌리를 찾아나서는 세 번째 산둥행 길에 오른 것은 옛적 제나라로 접속하기 위해서다. 쯔보 시의 린쯔(臨淄)로 향하는 택시 안에서 나는 늘 그러듯이 한자 뜻풀이를 하고 있었다. 물고기(魚)가 달다(甘)는 뜻으로부터 노(魯)라는 나라 이름이 말미암았음은 앞에서 이미 언급한 바 있거니와, 이른바 산둥 땅을 이루는 제로(齊魯)라는 두 나라 이름 가운데 제나라의 이름자에 대해서 떠올리고 있었던 것이다. 齊라는 한자는 '벼와 보리의 이삭이 위에서 보면 평평하다(象禾麥穗上平之形)'는 뜻이다. 말하자면 제나라는 곡창 지대라는 뜻으로 풀이하면 그리 어긋난 해석이 아닌 게다. 산둥요리가 바로 이 곡창 지대를 배경으로 하고 있다는 풀이도 가능하다. 그렇다면 제나라의 옛 도읍인 린쯔는 무슨 뜻인가. 쯔(淄)도 그럴듯하다. 氵＋川＋田＝淄라는 등식에는

제나라의 옛 도읍 린쯔에는 제나라의 첫 제후였던 강태공의 조각상이 있다.

물이 많이 흐르는 곳에 밭이 있다는 뜻이니, 곡식이 풍부하리라는 암
시를 받는 것은 억지가 아니다.

택시 안에서 산둥 지도책을 펼쳐 든다. 지난 4월 첫 산둥행에서 들른
린칭(臨淸)을 떠올리며, 산둥의 지형을 그린 페이지를 돋보기 너머로

홅는다. 지도에는 린쯔, 린칭 외에 린이(臨沂)와 린무(臨沐)라는 지명이 '나를 봐 주세요' 하면서 별처럼 소근거린다. 淸, 淄, 沂, 沐 등 린(臨) 옆에 붙은 기호에는 하나같이 물 수(水)가 붙어 있다. 강물을 끼고 있는 도시라는 코드인 것이다. 배산임수(背山臨水)라고 했을 때, 그 '임'은 물을 위에서 굽어본다는 뜻이기도 하다.

린쯔는 '오악지수(五嶽之首, 중국에서 다섯 높은 산 가운데 으뜸)'로 일컬어지는 태산(泰山) 자락 북쪽에 위치한 도시. 임수의 수는 물론 쯔허(淄河) 강물이지만 그걸로는 부족하다. 태산 자락으로 북면하여 앉혀진 린쯔 앞으로는 또 하나의 강물이 흐른다. 그것은 황허(黃河) 본류다. 황허 본류가 허베이(河北)와 산둥의 평원을 이루는 것이다. 그 일대에서 주로 밀농사가 이루어졌음은 두말할 필요도 없다.

택시가 린쯔 가까이에 이르면서 다리를 건너려는데 강 저편으로 예전에 못 보던 조각상이 서 있다. 기사에게 물으니 강태공(姜太公)의 조각상이란다. 강태공은 누구인가. 주나라 무왕이 최초로 제나라의 제후로 봉한 인물. 물론 그냥 지나칠 수 없다. 잠깐 차를 세우라고 기사에게 주문을 한 다음 조각상에 다가가는데, 강변을 따라 새로 조성한 강태공 공원 입구에는 커다란 솥이 세워져 있다. 솥이라……. 저 솥이라는 물건은 뭘 하는 물건인가. 사마천의 『사기』를 검색하여 솥(鼎, 정)을 뒤져냈을 때 몇 글자가 나오더라……. 67회던가. 그 『사기』에 등장하는 솥에 담긴 사연을 풀면 서양의 제법 굵은 콘텐츠인 『나니아 연대기』나 『반지의 제왕』은 저리 가라 할 정도로 흥미진진한 이야기가 담겨 있거늘.

중국이라는 나라에서 치수(治水)로 하(夏)나라를 세운 우임금이 중국

전국을 발에 물집이 잡히도록 싸돌아다니면서 모아들인 것이 구리였다. 당시 구주(九州)로부터 거두어들인 구리로 만든 것이 바로 솥이었다. 그 솥은 물론 밥을 짓거나 고기를 삶거나 하는 데 쓰이는 것이다. 솥은 중국의 이른바 '문물(文物)'을 대표하는, 우리로 치면 국보 1호에 해당되는 기물이다. 당시만 해도 구리는 귀한 것이어서 그 쓰임새는

강태공 공원 입구에 세워진 솥. 솥은 문(文)을 상징한다.

주로 무기였는데, 그 구리를 거두어 밥 짓고 고기 삶는 솥을 만든 것이다. 이건 무슨 뜻인가. 무(武)를 멀리하고 문(文)을 빚은 것이다.

베이징올림픽의 엠블럼에 새겨진 글자, 붉은 바탕에 하얀 음각으로 새겨진, 사람이 춤을 추는 모양의 글자는 문(文)을 형용한 글자다. 그 문은 다시 예(禮)와 악(樂)으로 나뉜다. 이채를 발하는 대목은, 중국에서 '예란 먹는 행위에서 비롯된다(禮始于食)'는 점이다. 이건 또 무슨 말인가. 이를테면 관혼상제라는 예의 주요한 절차가 있다고 치자. 거기서 빼놓을 수 없는 것이 먹을거리다. 주나라의 천자는 자신에게 고분고분한 제후에게 제사 지낸 고기[胙]를 나누어 줌으로써 황실에 가까운 종친 비슷한 존재임을 확인시키는 것으로 나라를 다스렸다. 그런데 이건 약과다. 제나라의 환공은 주나라의 황실에서 제사 지낼 때 쓰는 제주(祭酒)를 거르는 포모(蒲茅)라는 풀을 공물로 바치지 않은 나라를 징벌하여 춘추오패의 첫 번째 패자가 되었다.

악은 또 뭔가. 악에도 증빙이 없을 수 없다. 무단통치의 대명사인 진시황이 천하를 통일하자 전국의 무기를 거두어 만든 것이 함양성 밖에 세울 구리종[銅鐘]을 지키는 동인(銅人)이었다. 솥과 구리종이 합쳐지면 무엇이 되는가. 먹고 마시면서 음악 반주를 곁들이는 그림이 연출된다. 무기를 녹여 종과 솥으로 만듦으로써 중국은 무를 방치하고 결국은 문약(文弱)으로 흐르면서 '동아병부(東亞病夫, 동아시아의 병든 사내)'가 되고 말았다. 그런데 21세기 중국은 그 솥을 다시 세웠다. 문의 시대를 맞았다는 시대 감각, 곧 무로 이 세상을 태평하게 다스린다는 강령은 더 이상 불가능하다는 것을 깨달은 것일까.

요리하는 강태공

　　　　　이런 제법 '거창'한 생각을 하면서 이리저리 카메라 셔터를 눌러 대는데 저쪽에 짙은 남색 인민복 차림의 한 노인이 쯔허 강가에 낚시를 드리우고 있다. 낚시꾼의 대명사인 강태공의 조각상 앞에서 낚시하는 노인이라……. 어울리는 그림이란 바로 이런 장면을 두고 이르는 것이 아닌가. 강태공의 낚시는 바늘 없는 낚시로 회자된다. 물고기를 잡기 위해 드리운 것이 아니라 하염없이 지나가는 강물을 바라보며 누군가를 기다리기 위한 낚시였다. 그리고 마침내 그가 나타났다. 주나라 문왕이 바로 그다. 말하자면 강태공은 사람 낚시를 하고 있었던 것. 그 사람 낚시는 천하를 낚는 데로 이어졌다.

　주나라의 천하가 되자 강태공은 제나라의 제후로 봉해지고 나서 진짜 낚시를 즐기게 되었는데, 여기에도 음식에 관한 에피소드가 감추어져 있다. 강태공은 낚시로 잡은 물고기를 직접 요리해서 손님들 상에 올리기를 즐겼다는 것이다. 물고기의 뼈를 발라낸 다음 채소를 넣어 함께 볶아 내곤 했는데, 그 요리를 먹어 본 손님들은 이구동성으로 "제나라 백성들이 부자 나라를 이룬 것은 강태공이 물고기 잡기를 게을리하지 않은 때문이라네(齊民富國盛, 姜太公魚勤)"라는 탄사를 발했단다. 주나라 무왕이 강태공을 제후로 봉하면서 "물고기와 소금의 이로움을 살리라(便魚鹽之利)"는 주문을 했는데, 그것을 몸으로 보여 줌으로써 제나라 백성들로 하여금 생업에 힘쓰게 한 본을 보인 것이리라.

　흥미로운 것은 후세 사람들이 '魚勤'의 '勤'(근면할 근)을 '芹'(미나리

근)'으로 바꾸어 지금도 그 요리가 산둥 일대에서 전설의 요리로 전해

져 온다는 사실이다. 그런 점에서 강태공이야말로 진정한 츠주얼(吃主

兒. 단순히 음식을 먹으면서 품평을 하는 미식가가 아니라 직접 요리를 즐겨 만

들 줄 아는 미식가)의 창시자쯤 된다고 보아도 되지 않을까.

산둥 길목
채소 생산
본고장
서우광

채소를 공급했던 화농들

　　10월도 이미 반 넘어 하순으로 접어든 어느 날, 산둥의 가을 하늘도 한반도의 그것처럼 맑고 푸르다. 강태공 공원을 뒤로하고 다시 린쯔의 고속도로 바로 북쪽에 자리 잡은 제나라 역사박물관을 향하는데, 동네 어귀에 커다란 간판이 택시를 세우게 한다. 이름하여 제도진(齊都鎮). 제나라의 옛 도읍이 있던 마을이다. 사진기에 담은 다음, 이미 대여섯 차례는 좋이 들렀던 박물관에서 새로운 것이 있나 눈요기를 대강 하고 나서 다시 택시로 방향을 잡은 것은 서우광(壽光). 이번 산둥행에서 찍어야 할 중요한 점이다.

　　산둥에서 건너온 화교들 가운데 상당수가 중화요식업에 종사하고 있다는 점은 상식 비슷한 사실이지만, 한국의 화교들이 요식업에 종사하는 데 결락시킬 수 없는 요소가 식자재라는 점을 짚어야 한다. 그리

커다란 간판이 제나라의 도읍이 있었던 마을, 제도진에 들어섰음을 알린다.

고 그 식자재 가운데 채소의 공급을 맡아 사시사철 양파나 오이 혹은
배추 따위의 채소를 중국음식점에 대 준 이들 역시 화교라는 점은 제
법 의미심장하다. 이른바 화농(華農, 화교 농사꾼)이라고 해서 산둥에서
배를 타고 한반도로 건너온 이들이 지은 농사는 기존의 한반도 농사꾼
들이 짓던 농사와는 성격이 달랐다. 화농들은 이른바 영농(營農)을 한
것이다. 집 앞 텃밭에 씨를 뿌려 때맞추어 거두어 가내의 식용으로 충

당하다가 남은 것은 장날에 내다 팔던 식의 자급자족 농사가 아니라 영리와 장사를 염두에 둔, 말하자면 상행위를 염두에 둔 농사였다.

앞에서 언급한 바 있듯이 제나라의 도읍 린쯔 일대는 곡창지대인 데다가 린쯔 바로 옆의 서우광 시는 채소의 오랜 생산지다. 그리고 산둥의 채소 재배 기술은 적어도 19세기 말이나 20세기 초엽까지, 다시 말해 일본의 신식 영농 기술이 전해지기 전까지는 한반도보다 앞섰다고 보면 틀리지 않는다. 산둥 화교들이 한반도로 건너와 '청요릿집'을 냈을 때 요리에 들어가는 식재료 가운데 주요한 일부를 차지하는 채소를 바로 이들 화농들이 맡았다. 게다가 19세기 말 무렵 한 해 걸러 가뭄과 홍수가 번갈아 산둥에 찾아들면서 서우광 일대의 농토를 잃은 채소

서우광 화교들은 한반도에 온실재배를 전했다. 택시를 타고 가며 만난 비닐하우스의 모습이다.

농사꾼들이 새 터전으로 찾아든 곳이 바로 만주 평원이거나 아니면 바다 건너 한반도였고, 인천의 주안 등지, 서울의 영등포 아니면 군산 일대가 그들이 터를 잡은 곳이었다.

하지만 화교들은 농사를 지어 모은 돈으로 사들인 땅을 자신의 이름으로 한국의 등기부에 올릴 수 없었다. 하여 한국인 친구의 이름으로 올렸다가 배신을 당하여 날리거나 혹은 한국인 아내를 맞아들여 그 아내의 이름으로 올렸다가 불미스런 일이 생긴 경우가 비일비재했다는 것이다.

배추 조형물 그리고 칭탕자장면

이런 옛날 생각에 사로잡혀 있는데, 택시가 서우광시 구역 안으로 들어서자 지방도로 위로 자동차 특히 화물차의 통행량이 갑자기 늘어난다. 지나가면서 보니 없는 것이 두 가지 있다. 하나는 신호등이요, 다른 하나는 건널목이다. 중앙선은 신성불가침이 아니라 수시 침범. 게다가 산둥의 운전기사는 얼마나 성질이 급한가. 운전하면서 내내 클랙슨을 눌러 대니 택시를 타고 가면서도 좌불안석이기 십상이다. 그날따라 골라잡은 택시 기사는 그런 도로 사정인데도 어젯밤 뭘 했는지 운전을 하면서 연신 눈을 붙였다 뗐다 한다. 짜장면을 찾아 나섰다가 자칫하면 골로 가는 길로 접어들 차제다. 별수 있는가. 젊은 기사에게 일단 껌을 하나 껍질을 까서 입에 넣어 주듯이 건넨 다음 계속 말을 붙이려는 찰나, 때마침 창밖으로 이상한 것이 스쳐 지나친다.

저게 뭐냐고 물으니 잠에서 깨어난 듯 하품을 하면서 '원스다펑'이란다. 원스다펑? 지방이니 사투리에 적응하려면 언제나 시차가 필요한 법. 한참 동안 추리를 한 끝에 溫室大棚이라고 적어 들이밀면서 맞냐고 묻자 젊은 기사가 마치 자기가 낸 퀴즈를 학생이 알아맞혀서 기쁘다는 듯이 "두이 두이 두이 두이" 하고 '맞다'를 네 번이나 연발하는 거다.

바로 이거다 싶은 것이, 서우광에 온 목표가 바로 택시 안에서 이루어진 게나 진배없기 때문이다. 왜냐, 서우광 출신의 화농들이 한반도에 가지고 들어온 기술이 바로 저 온실재배였으니까. 일단 차를 세운 다음 내려서 카메라에 담고 볼 일. 지금으로 치자면 비닐하우스인데, 당시 비닐이 있을 리가 없다. 서우광의 농부들은 닥나무 종이를 여러 겹으로 겹쳐 기름이나 촛농을 먹여 비닐하우스의 비닐을 대신했다. 비가 와도 기름이나 촛농을 먹인 종이에는 빗물이 흡수되지 않았을 터. 그래서 겨울에도 농사를 지어 제철이 아닌 채소를 고가에 청요릿집에 납품할 수 있었다.

한겨울 짜장면 위에 얹힌 새파란 오이채가 산둥 혹은 서우광에서 배 타고 물 건너온 화교의, 비닐하우스가 아닌 촛농을 먹인 한지하우스에서 재배한 오이라는 것을 알고 먹은 손님이 얼마나 될꼬 하면서 수첩에 적고 있는데 기사가 차를 세운다. 저걸 보라는 것이다. 차를 세운 곳은 채소 도매시장. 젊은 기사는 이제 길 안내를 자임한 모양이다. 차를 세우고 내려 커다란 배추 조형물을 사진에 담는 걸 보더니 이어서 길 건너를 가리킨다. 입간판에 붙어 있는 글씨는 채소망상시장(菜蔬

서우광의 채소 도매시장 앞에 커다란 배추 조형물이 서 있다.

網上市場). 우리로 치자면 채소인터넷쇼핑몰이다. 이때 기사가 담배를
한 대 권한다. 이렇게 해서 머리가 허연 한국의 늙은 50대와 산둥의
약간은 불량기가 흐르는 20대 기사가 담배를 트는 것이다.

바로 그때 두 사람의 배 안에서 동시에 같은 소리가 들렸다. 그것은
꼬르륵 하는 소리였다. 둘이 담배를 피우다 말고 서로 배꼽을 잡고 웃
음을 터뜨리면서 담배 연기에 사레가 들려 같이 기침을 얼마를 했던
가. 내가 "쩌우바!(가자)"라고 하자, 그 친구가 "츠선머?(뭘 드시겠수)"
한다. "츠몐탸오, 쩐머양?(국수가 어때)" "팅하오.(좋죠)" 이렇게 해서
우리가 얼마 후 자리를 잡은 곳은 서우꽝 시내의 이(李) 선생 자저우라

택시 기사와 함께 먹은 칭탕자장몐은 우동과 짜장면을 짬뽕한 모양새다.

멘관(加州拉麵館). 캘리포니아 출신 화교가 중국에 낸 국수 프랜차이즈다. 종업원 아가씨가 메뉴판을 건네는데 기괴한 메뉴가 눈길을 끈다. 이름하여 칭탕자장멘(淸湯炸醬麵). 이럴 수가……. 맑은 국물에 국수를 만 다음 거기에 짜장 볶은 고명을 얹은 것이다. 우동과 짜장을 '짬뽕'하다니……, 하는데 젊은 기사가 자기가 먼저 칭탕자장멘을 주문한다. 나도 따라서 "짜이라이 이완!(한 그릇 더)".

우동과 짜장을 '짬뽕'한 이상한 국수를 한 그릇 먹고 나와서 호텔로 돌아가기 전에 이번에는 내가 한국 담배를 권한다. 몇 모금 빨더니 이 친구, 무슨 이런 담배가 다 있냐는 표정으로 싱거워서 못 피우겠는지 제 담배를 꺼내 피워 물면서 내년(2010년)에 서우광에서 세계채소엑스포가 열린다고 귀띔을 해 준다. 언제냐고 물으니 10월 전후한 무렵이란다. 옳거니. 내년 이맘때 중간고사에는 상하이엑스포를 찍고 거기서 서우광으로 와서 채소엑스포를 보는 동선이 나오는 거다. 그러면서 내년에 다시 올 때도 자네 택시를 타도 좋은지 물었더니 반색을 하면서 차 안에서 명함을 뒤져 내미는 것이었다. 이렇게 해서 내년 택시를 미리 예약을 한 셈이 되었으니……. 📝

린이에서
제갈량의
고향
이난까지

물류중심의 린이

산둥의 칭저우(靑州)에서 린이로 향하는 시외버스는 제법 이른 시각이었음에도 만석을 넘어 정원 초과였을 뿐 아니라, 손님들이 가지고 가는 짐들이 버스 아래의 짐칸을 메우고도 모자라 버스 안의 좌석 옆 통로에도 짐을 놓고 그 위로 승객들이 앉아 가는 그런 버스였다. 도합 5시간이나 걸리는 이동 시간 동안, 중간에 한 번 5분여를 쉬면서 화장실에서 볼일을 보고 담배 한 대를 피운 시간 이외에는, 노트북 등속을 넣은 배낭을 무릎 위에 껴안은 채 꼼짝달싹하지 못하고 앉아 있어야 했다. 하지만 그 시간이 내게는 마냥 고역의 시간이 아니라 홀로 상상의 나래를 펼치는 지고한 시간이었으니, 그것은 화교와 짜장면으로 이야기를 꾸민다면 하고 궁리를 하다가 문득 서우광의 채소도매시장 앞에서 사진기에 담은 커다란 배추 조형물로부터 배추 같은 인물 혹은 여인네의 캐릭터 비슷한 것이 눈앞에 어른거려 왔기 때문이다. 배추 같은 여인이라…….

서우광의 온실 앞에 심어진 배추는 햇볕을 듬뿍 받아 푸르다 못해 시퍼렸다. 그 시퍼런 배춧잎, 그 잎이야말로 싱싱함의 표상이라 할 만하지 않은가. 기가 펄펄 살아 있는 화교 여인이라…….말이 되겠는걸…….이런 생각을 하는 것은 중국의 한 요리책의 서문에서 "그 사람이 먹은 것을 보여 주면 그 사람이 어떤 사람인지 알아맞히겠다"고 한 구절이 생각난 때문일까. 말하자면 먹을거리와 사람 됨됨이가 서로 떨어져서 따로 놀지 않으리라는 계산은 제법 그럴듯한 발상이라고 생각하면서 회심의 미소를 떠올리는데 버스가 초행길인 린이 시내로 접어든다.

적이 놀라 마지않았던 것은, 지도에서 이름을 살폈을 뿐인 이 도시의 규모가 우선 큰 것이 첫 번째요, 두 번째는 필시 이허(沂河) 강물에 임하여 앉혀진 이 도시의 정갈함, 세 번째는 도시의 구획과 정비의 세련됨이 산둥의 칭다오니 옌타이니 혹은 웨이하이 같은 해안 도시에 비해 결코 밀리지 않는다는 인상 때문이었다.

시외버스에서 내려 호텔로 향하는 택시 안에서 기사에게 린이의 주요 산업이 뭐냐고 묻자 기사의 대답이 '우류중신(物流中心, 물류중심)'이라는 네 글자다. 옳다구나 싶은 게다. 다시 지도를 보니 그 일대의 르자오(日照)와 롄윈강(連運港) 그리고 칭다오, 웨이하이, 옌타이 등의 항구를 잇는 철도가 지나며, 지난에서 짜오좡(棗莊) 그리고 쉬저우(徐州)를 잇는 고속도로가 이리로 흘러들어 다시 칭저우와 칭다오 등지로 이어진다. 연암 박지원의 『허생전』에서 삼남의 길목으로 지목한 경기도의 안성쯤에 해당되는 그런 자리에 있는 도시다. 기사에게 한국인이 많으냐고 물으니 역시 무뚝뚝한 단답형으로 "부두오(不多, 많지 않다)"란다. 말하자면 한국인의 손때가 덜 탄 도시라고 보면 된다.

이번 산둥행에서 린이를 들른 것은 우선 중화음식의 메뉴에서 빼놓으면 섭섭한 만두의 원조인 제갈량의 고향을 찾기 위해서다. 이번 취재에는 인천 차이나타운 번영회장을 맡고 있는 손덕준 씨와 린이 출신으로 손 씨의 아우뻘 되는 왕보(王波) 씨가 동행을 자청했다. 마침 손회장이 린이 인근의 웨이산(微山)에 볼 일이 있으니 내가 린이를 취재하는 김에 함께 웨이산 일대도 둘러보자는 약조를 하고 인천공항을 각자 출발해서 린이에서 만나기로 한 것. 그날 밤 세 사람이 만난 자리에는 왕보 씨의 친구들이 합석을 했는데, 그들 역시 하나같이 산둥다한 쯔(山東大漢子, 산둥 사내들, 말하자면 『수호지』에 등장하는 양산박의 호걸 같은 인물)들이었다. 게다가 친구들 가운데 두 사람이 딸을 한국에 유학 보냈다는 것이다. 명색이 한국의 대학교수인 나더러 이것저것 자식 교육에 대한 이야기들을 묻기도 하고, 나는 귀국해서 아이들을 만나 보겠다는 약속을 하고, 그러는 동안 린이 특산 바이주는 다시 몇 순배를 돌았는지 모르고…….

만두 없이 제갈량기념관만

이튿날 아침 일찍 왕보 씨의 안양반이 차를 직접 운전해 호텔로 와서 일행 네 사람은 우선 린이 시내의 왕희지서법기념관

제갈량의 조상(影像)을 모신 사당. '지령인걸(地靈人傑, 땅의 영험한 기운이 인걸을 냈다)' 이라는 현판이 붙어 있다.

과 손자기념관을 들른 다음 이어서 제갈량의 고리(故里, 고향 마을)인 이난(沂南)으로 길을 잡았다. 승용차 안에서 왕보의 린이 자랑이 늘어진다. 십수 년 전만 해도 린이는 산둥의 별 볼일 없는 그렇고 그런 도시 중의 하나였다. 그런데 웨이하이에서 당 간부를 지낸 손 회장의 친구가 린이의 당 서기로 오면서 비약적 발전을 거듭했는데, 도시의 특점으로 보았던 대목이 바로 물류였단다. 지금은 저장(浙江)의 이우(義烏)에 이은 전국 삼대 도매시장이 되었다는 거다. 말하자면 연해 도시의 개방 정책을 내륙에도 적용시켜 효과를 거둔 것이라 보면 그리 틀리지 않을 듯.

제갈량의 고향집을 찾아가는 길은 그야말로 '물어물어' 찾아가는 길이었다. 개울에 놓인 다리를 건너고 비포장도로를 이리저리 돌아 일행 네 사람이 제갈량기념관에 당도한 것은 대강 정오를 넘긴 무렵. 시골 마을에 난데없이 승용차가 들어서자 촌 노인들이 먼발치서 이방인들을 맞는 것이, 소가 닭 보듯이 그런가 보다 하는 눈치가 아니라 신기한 눈길이다. 제갈량 사당은 관광객들의 발길이 드문 곳인 게다.

일행 네 사람이 차를 세우고 사당 안으로 들어가려 하는데 문이 잠겨 있다. 동행한 왕보 씨가 쇠로 된 문을 두드리자 안에서 노인네 한 분이 문을 따 준다. 입장료를 내고 들어서자 노인네가 설명을 시작하는데 도무지 알아들을 수 있는 중국어가 아니다. 기념관 경내를 이리 저리 돌아다니며 셔터 누르기를 마친 다음, 노인에게 다가가 "사당 안에 제갈량과 만두에 관해 이야기가 될 만한 유적이나 유품이 있습니까?" 하고 묻자 노인네가 뭐라고 하는데 알아듣지 못하는 사투리. 옆에서 왕보 씨가 "그런 게 없다"고 통역을 해 준다.

제갈량의 조각상을 모셔 둔 건물 벽에는 인근의 무덤에서 탁본한 듯한 화상석의 그림들을 벽에 붙여 놓았는데 거기에도 '삼고초려'니 '적벽대전'이니 혹은 '칠종칠금'이니 하는, 이른바 인구에 회자되는 유명한 고사성어와 관련된 그림은 있어도 노수에서 만두를 빚어 병사들에게 먹였다는 그림은 없다. 『삼국지』의 가장 주요한 인물인 제갈량을 둘러싼 옛날이야기 가운데 만두에 관한 이야기가 사당 안 어딘가에 있을 법하건만……. 낭패랄 것까지는 없어도 어딘가 허전하다. 이곳에

제갈량의 고향에 있는 사당까지 찾아오는 방문객은 많지 않은 모양이었다.
백면서생의 티가 나는 제갈량의 조상.

온 목적은 그냥 제갈량이 아니라 제갈량과 만두가 아닌가. 이런 표정을 지으면서 담배를 비벼 끄는데 손덕준 회장이 그런 눈치를 채고 점심때는 이 근처 식당에서 만두를 먹자고 제안을 한다. 소기의 목표물을 카메라에 담지 못하고 차를 돌리는 길밖에.

다시 먼지를 피우면서 차를 몰아가는데 얼마 안 가서 동네 길가에 조그만 간판이 눈에 들어온다. '만두점'이라 쓰인 간판이다. 혹시 저기서 만두를 먹으면서 동네 사람들과 이야기를 나눌 수 있을까. 차에서 내려 보니 만두점이라는 간판을 길가에 세워 둔 집은 굳게 문을 닫고 있다. 그날은 일진이 별로 좋지 않은 날이었던가.

린이의
명물
젠빙

꽃무늬 만두와 명물 젠빙

제갈량고리기념관을 뒤로 하고 먼지를 피우며 다시 시골길을 달려 되돌아 나가는데 손 회장이 차를 세운다. "어이, 왕보, 차 좀 세워 봐. 저거를 찍어야겠네" 하면서 가리키는 것이 있었으니 그건 다름 아닌 길가에 서 있는 연자방아다. 차에서 내려 카메라에 담는데 곡물 가루가 방아 위에 묻어 있는 품이 지금도 사용하는 연자방아인 게다. 옳다. 제갈량 고향의 연자방아. 그거 말이 되지 않는가. 짜장면의 麵이라는 한자가 무슨 뜻인가. 麵은 麥+面이지만 그 面의 본 한자는 실은 丏이다. 그리고 그 丏은 다시 匚+人, 곧 사람의 얼굴을 가린다는 뜻이다. 우리가 밀가루라고 할 때 그 본 한자는 麱이다. 그 麱이 麵으로 되었다가 다시 간체자로 面이 된 것이다. 중국에서는 밀을 빻아 가루를 내서 만들어 내는 국수는 몐탸오(面條)라 부르고, 국수와 만두 등 밀가루 음식을 통틀어 몐스(面食) 혹은 그냥 몐(面)으로 표기한다.

연자방아를 담은 한 장의 사진으로 만두 이야기의 위안을 삼고 진짜로 본바닥 만두를 먹기 위해 찾은 곳은 이난의 한 식당. 점심때를 약간 넘긴 시각인데도 홀 안이 제법 손님들로 왁자한 걸로 미루어 음식 맛은 그럴듯한가 보았다. 화장실에 들러 볼일을 보고 손을 씻고 나오니 왕보 씨가 이미 바이주의 병마개를 따 놓았다. 말 그대로 '대낮부터 시작'이다. '량차이(凉菜, 찬 요리, 곧 우리 식으로 하면 마른안주)'가 두어 접시 식탁에 올라온다. 무청 말린 것을 두부와 섞어 양념으로 무친, 말하자면 그 동네 향토 량차이는 맛이 그야말로 '부추오(不錯, 정말 괜찮다)'. 입에 한 젓가락 넣고 맛을 보면서 내가 엄지손가락을 세워 보이자, 식당을 잘 골랐다고 손 회장이 아우인 왕보를 칭찬한다.

길가에서 발견한 연자방아. 곡식의 가루가 묻어 있는 걸로 보아 지금도 쓰는 듯하다.

다시 상 위로 '러차이(熱茶, 량차이의 반대로 불로 요리한 요리)'가 층층이 쌓여 올려진다. 상 위로 린이의 유명한 음식인 차오지(炒鷄, 닭볶음)가 올라오자 "새 요리가 올라왔으니 다시 한 잔!". 이렇게 두 잔째로 넘어가는데 드디어 주식이자 그날의 주인공인 만두가 올라온다. 젠자오쯔(煎餃子), 우리식으로 하면 군만두다. 그런데 생김새가 문자 그대로 가관(可觀)이다. 만두를 프라이팬에 그냥 구운 것이 아니라, 묽은 밀가루 반죽을 얇게 프라이팬에 바르듯이 넓적하게 편 다음 그 위에 만두를 얹어 구워 낸 것. 그 모양새를 볼작시면, 접시 위의 만두가 각기 따로 떨어져 노는 모양새가 아니라 얇게 구운 밀가루 판 위에 얹혀 있다. 게다가 접시에 올려 낼 때도 밀가루 붙인 판이 위를 향하고 있다. 그 생김새가 마치 꽃이 핀 듯한 모양새를 방불케 하는 것이 아닌가.

뒤집힌 군만두. 꽃무늬를 연출한 모양새이다.(왼쪽) 바로 놓인 군만두. 역시 꽃무늬를 떠오르게 한다.(오른쪽)

내 입에서 "야, 이건 꽃이 핀 것 같은데"라는 말이 튀어나오려는 순간, 다시 이상한 모양새의 음식이 상 위로 올라오자 손 회장이 회심의 미소를 지으며 묻는다. "이게 뭔지 알아요?" 만두가 꽃처럼 생겨 먹었다는 말은 이렇게 해서 입안으로 삼켜지고 말았고, 왕보 씨가 대신 대답을 한다. "이게 바로 린이 명물 젠빙(煎餅)이에요. 한번 먹어 봐요." 젠빙 옆에는 굵은 대파의 흰 뿌리가 시커먼 장하고 같이 놓였다. 손 회장이 조폭 같은 손으로 젠빙이라는 놈 두 장을 겹쳐 손바닥 위에 얹더니 그 위에 상 위에 놓인 요리를 젓가락으로 아무렇게나 얹은 다음 다시 파를 얹고 이어서 장을 바른다. 내가 이게 춘장인가 하고 묻자 왕보 씨가 "아뇨. 두반장이에요" 한다. 춘장이면 어떻고 두반장이면 어떤가. 이미 바이주는 큰 잔으로 석 잔째네. 손 회장이 젠빙을, 우리로 치면 김밥 말듯이 둘둘 말아 우적 한 입 베어 문다. "먹어 봐요. 맛이 괜찮아요." 하여 나도 김밥말이, 아니 젠빙말이에 돌입하여 젠빙 두 장을 겹쳐 손바닥에 깐 다음 총바오양러우(蔥爆羊肉, 얇게 썬 양고기를 대파와 볶은 것)를 얹고 이어서 다시 손가락만큼 굵은 흰 대파를 얹고 다시 두반장을 젓가락으로 찍어다 칠한 다음 둘둘 말아서 입에 넣기 전에 다시 한 모금 한 다음 우적우적…….

닭에도 이야깃거리는 무궁하니

점심을 마치고 이어지는 행선지는 린이의 강태공 사당이다. 운전은 왕보의 안사람이 맡았고, 도중에 길 안내를 위해 강 씨

대파를 얹고 두반장을 발라 젠빙을 싸서 먹는 동작.
젠빙은 우리말로는 전병이고, 일본어로는 센베이다. 한자는 같지만 다른 음식이다.

강태공 사당 앞에서 장기를 두는 노인들의 모습.(위) 사당 앞뜰에서 모이를 찾고 있는 닭을 만났다.(아래)

종친 한 분이 차로 마중을 나왔다. 다시 길을 이리저리 돌아 강태공 사당에 이르니 동네 노인네들이 사당 입구에서 장기를 두고 있다. 정겨운 풍경이 아닐 수 없다. 카메라로 찰칵 하고는 사당 안을 둘러보고 나오는데 사당 앞뜰에서 닭 두어 마리가 풀 속을 뒤져 모이를 찾고 있는 모습이 눈에 들어온다. 셔터를 누르자 왕보의 안사람이 말을 건넨다. "닭이 신기한가 보네요." 내 대답이 "저 닭도 그냥 닭이 아니거든요"이었다.

호텔로 돌아가는 차 안에서 나는 다시 돋보기를 끼고 지도를 펼치며 속으로 중얼거리고 있었다. "지밍다오(鷄鳴島)라는 섬이 어디더라." 웨이하이 앞바다의 조그만 섬 지밍다오. 이름을 풀면 '닭 울음소리가 들리는 섬'이라는 뜻이다. 왜 섬 이름을 닭 울음소리로 했는가. 그 섬에 닭이 많아서일까. 아니다. 그 섬에서 닭이 울면 바다 건너 산둥 반도에서도 들린다는 뜻일 게다. 말하자면 지척이라는 뜻. 닭은 언제 우는가. 새벽을 맞아 여명을 알리는 동방의 기상나팔이 닭이 아닌가. 산둥의 둥(東)과 연결지어지는 코드에 얹힌 닭인 것이다.

이 닭이 다시 고사성어에 얹히면서 나온 이야기가 바로 맹상군의 '계명구도(鷄鳴狗盜)'일 테다. 어디 그뿐인가. 공자가 가장 든든하게 여겼던 제자인 자로(子路)는 본디 노나라 취푸 인근 사수(泗水) 출신의 '조폭'이었다. 조폭답게 복장도 요란해서 머리에 쓰는 관에 수탉의 꽁지 털을 꽂는 패션으로 폼을 잡았단다. 제나라의 경공은 투계를 좋아해서 자신이 기르는 수탉의 깃털에는 겨자를 발라놓고 상대방 수탉이 쪼면 겨자의 매운맛에 취해 정신을 못 차리게 했다는 이야기도 전한다. 옛적 제나라의 풍성한 광경을 묘사할 때 나오는 『사기』의 문구가 사람들이 시장을 오가면 어깨가 서로 닿았고 투계하는 곳에는 늘 사람들이 몰려 있었다고 했던가. 말하자면 닭에도 무궁무진한 이야깃거리, 아니면 문화 콘텐츠가 감추어져 있는 게다.

지도의 웨이하이 앞바다의 지밍다오를 가리켜 보이며 손 회장에게 "이 섬이 바로 계명도인데 다음 웨이하이에 들르면 여기를 한번 가 봅시다"라고 하자, 손 회장이 의아한 표정을 지으며 왜냐고 묻는다. 베이징의 한국문화원장을 지내다가 한국으로 복직한 P형으로부터 들은 적이 있는 "영종도에서 닭이 울면 산둥까지 들린다"는 말을 전하자 "에이, 농담 마슈"라면서 손 회장이 손사래를 치는 거다. 내 대답이 "아니, 정말이라니까. 농담인지 아닌지 10년 뒤에 두고 봅시다"였으니. 📝

어느 아침의
싸와 창산 마늘,
그리고
쌍화

천하 제일 창산 마늘

　　이튿날은 아침부터 날씨가 흐리다. 손 회장, 왕보 그리고 나, 일행 세 사람은 아침을 해결하기 위해 린이 시내의 '싸(糝)'를 파는 집을 찾았다. 싸는, 우리로 치면 쇠고기를 넣고 곤 국물에 다시 쌀가루를 풀어 끓인 탕 종류. 겉보기에는 설렁탕 국물과 흡사한데 쌀의 전분이 녹아 있으니 약간 뻑뻑한 맛이다. 이렇게 적고 보니 마치 아프리카의 토인에게 얼음을 설명하는 듯 요령부득인데 번뜩 스쳐가는 묘안이 있다. 숭늉으로 설렁탕을 끓인 것이라고 하면 설명이 될까, 하다가 그래도 마뜩잖다. 요는 먹어 봐야 아는 것이다. 싸는 린이 사람들이 즐겨 먹는 아침 해장국이라는 것이 왕보 씨의 설명인데, 고기 건더기가 들어간 국물은 한 그릇에 5위안, 고기가 들어가지 않고 계란을 푼 것은 2위안이다. 거기에 기름에 튀긴 유탸오(油條) 1위안어치를 사면 두세 명이 먹을 분량이다.

　린이 사투리로 '짜'라 부르는 이 음식은 연조가 아주 오래된 음식이다. 공자가 때를 못 만나 천하를 떠돌 때 나물국에 쌀가루도 풀지 못할 만큼 궁했다는 기록이 남아 있으니 말이다. 본디 糝은 糂이었는데, 훗날 바뀌게 된 데는 어떤 연유가 감추어져 있는가. 이런 의문을 품은 것은 중국인들이 장수 식품으로 밝히는 해삼이 본디 토육(土肉)이나 사손(沙巽)이라고 불리다가 그 효능이 인삼에 필적한다고 해서 바다 인삼, 곧 해삼이라고 불리게 되었다는, 예전에 소개한 그 문구가 떠오른 까닭이다.

　아침을 먹고 나니 빗방울이 후드득 떨어지기 시작한다. 그날 일정은 린이의 서쪽인 웨이산(微山) 현 방문. 손 회장이 진작부터 거기를 같이 가 보자고 해 온 터에 이번 길에 여정을 합친 것이다. 웨이산 현에서 한국사무소로 파견한 왕이(王毅)라는 젊은 친구가 차로 마중을 와 주었다. 웨이산 가는 길에 들러야 할 곳이 창산(倉山), 마늘로 유명한 곳이다. 장추(章丘) 대파와 창산 마늘이 산둥요리를 이루는 주된 양념 재료요 풍미 특색이다. 하지만 한국음식도 마찬

천하 제일의 마늘이라고 써 있는 패루. 창산 일대에는 마늘 냄새가 배어 있다.

가지다. 고기나 채소 혹은 구이나 국물 요리에 양념으로 파와 마늘을 안 넣는 요리가 있으면 나와 보라고 해도 될 정도니까. "창산에 가면 그 일대에서 마늘 냄새가 나는데 오늘은 비가 와서 마늘 냄새를 못 맡겠는데"라고 한 것은 손 회장이다. 지금 한국인의 식탁에 오르는 마늘 가운데 상당수가 바로 이 창산 마늘이란다. 그 말이 입에서 떨어지는 순간 차가 멈춘다. 인천 차이나타운 앞에 세워진 것과 비슷한 패루가 눈에 들어온다. '천하제일산(天下第一蒜, 천하의 제일가는 마늘)'이라 적혀 있다. 차를 내리니 가랑비 속에 희미하게 마늘 냄새가 배어 있는 듯하다고 느끼는 건 사전에 마늘 냄새 정보가 뇌리에 입력된 까닭인가. 카메라에 패루와 비석을 담아 넣고 다시 웨이산으로 출발.

  12시 무렵 웨이산 현에 당도하니 현장(縣長)을 위시한 간부들이 호텔 로비에서 맞아 준다. 웨이산 현은 목하 현 외곽에 개발구 사업을 진행 중인데, 한국 화교인 손 회장으로 하여금 한국 화교들의 투자의 교량 역할을 맡아 달라는 주문을 하고 있단다. 웨이산 호는 베이징에서 항저우를 잇는 경항운하 수로 위에 자리 잡은 호수로 오염이 안 된 청정 지역이라는 설명. 그날 저녁 한국에서 온 화교와 동행한 대학교수는 현장이 주재하는 식탁에서 새로운 웨이산 호의 설계 방안을 이렇게 어드바이스하고 있었으니……

  "오염된 경항운하를 부활하는 것이 물의 부활이다. 오행으로 치자면 서방은 불과 쇠의 문명이요 중국과 동아시아는 나무와 물의 문명이다. 물이 살아나는 것은 새로운 문예부흥에 맞먹는 사업이니까 오염에 찌든 경항운하를 살아 있는 물로 되살리는 사업을, 운하를 끼고 자리 잡은 세 호수, 곧 웨이산 호를 낀 웨이산, 타이후(太湖)를 낀 쑤저우, 시후(西湖)를 낀 항저우, 이들 세 도시가 띠를 잇듯이 연대해서 살리는 제안을 웨이산 현발 프로젝트로 띄우되, 그 세 호수를 종래의 물류가 오가는 나루터가 아니라 문화 마터우(碼頭, 나루터)로 설계해 보면 그럴듯하지 않겠느냐"고 은근히 말을 건네자 젊은 현장은 귀가 번쩍 뜨이는 모양이다. 자리에서 벌떡 일어나 이방인 나그네에게 건배를 청한다. 하여 그날 밤도 무사히 넘기지 못한 것은 당연지사.

기차에서 마주한 꽃

이튿날 새벽 모닝콜로 눈을 부비며 일어나 현에서 보내 준 차편으로 짜오촹 기차역에서 상하이행 K186편에 오른 것은 6시 40분. 아직 깜깜 새벽이다. 식당차에 자리를 잡은 다음 종이컵을 하나 얻어 뜨거운 물에 한국에서 가지고 간 커피믹스를 타서 한 모금. 내가 정한 중국 기차 여행의 십락(十樂, 열 가지 도락) 가운데 하나가 바로 멀리서 동이 터오는 것을 보면서 마시는 이 새벽 커피 맛이다. 날이 밝아지면서 식당칸으로 슬슬 손님들이 몰려오는데 아침 메뉴를 보니 만두에 투터우쓰(土頭絲, 감자를 얇게 채쳐서 끓는 물에 살짝 데친 다음 다시 기름에 살짝 볶은 요리로 살캉거리는 맛이 여간 괜찮지 않다)와 시엔차이(鹹菜, 무를 간장에 박아 짜게 만든 지의 종류)에 차지단(茶鷄蛋, 계란을 찻물에 삶은 것)이 일금 15위안. 식당차의 음식 값은 시중보다 훨씬 비싸다. 열차는 선양돤(沈陽段) 소속이니 모름지기 북방 계열의 주방장이 음식을 차리

상하이행 기차에서 아침을 먹으며 칼로 꽃을 피우는 마술을 생각했다. 만두(위)와 바오차오쌍화(아래)

는 식당일 게다. 만두가 메뉴로 올라온 것도 바로 북쪽 음식이기 때문이다. 만두를 보면서 일순 제갈량의 고향에서 어제 먹은 젠자오쯔의 꽃무늬가 눈앞에 어른거리는 것이 아닌가. 그런데 옆자리에 앉은 일행 둘이 만두에 더하여 러차이 한 가지를 추가하는데 김이 모락모락 피어오르면서 볶은 요리 특유의 향취가 내 코를 찔러 온다. 메뉴판을 보니 대강 바오차오솽화(爆炒雙花)로 감이 잡힌다. 종업원 아줌마를 불러 "워예야오쩌이거(나도 저거 한 접시)"라고 하자 "싼스(30위안)"라고 값을 말한다. 이윽고 식탁에 오른 것은 돼지 간과 오징어를 꽃모양으로 조각을 해서 양파와 피망과 함께 중국 간장으로 볶은 요리다. '솽화(雙花)'는 이들 돼지 간과 오징어를 꽃모양으로 새겼다는 뜻이겠거니.

말하자면 우리가 한국의 중국음식점에서 삼선짬뽕을 먹을라치면 그 안에 든 오징어는 그냥 통오징어가 아니라 촘촘하게 칼집을 넣어 마치 해삼처럼 돌기가 생기게 만든 그런 오징어가 아닌가. 칼로 칼집을 넣은 오징어는 꽃인 셈이다. 칼로 꽃을 피우다니. 이런 기술이라면 마술이 아니고 뭔가. 하기야 『초한지』에 나오는 '홍문의 잔치'에서는 번쾌가 칼로 춤을 추기도 하거늘. 이 칼춤이야말로 서양에는 없는 문화의 춤이 아닌가.

돌아와서도
잊지
못하는
만두 생각

김포로 향하는 비행기

　　상하이 홍차오공항에서 출발하여 김포로 향하는 에어셔틀 비행기 안에서 나는 셔틀이란 이 영어 단어의 본래의 의미가 갑자기 궁금해진다. 노트북을 꺼내 사전에서 뜻을 검색해 보니 직조기를 오가며 옷감을 짜는 북이란다. 홍차오와 김포 그리고 하네다를 잇는 이 셔틀은 그렇다면 동북아 일대를 덮는 천을 짜는 북인가. 이 셔틀을 타고 움직이는 인간과 물자가 옷감을 짜는 실이라도 된다는 것인가. 우리가 짜는 이 옷감에 새겨진 무늬는 무슨 무늬인가.

　어제 상하이로 향하는 열차 식당에서 만두와 함께 먹은 바오차오쌍화에 재료로 들어간 돼지의 간과 오징어에 칼집으로 새겨진 화문(花紋, 꽃무늬). 화문을 새긴 그 칼은 예사로운 칼이 아니다. 며칠 전 본 강태공 공원에 새로 세워진 그 솥과 같다. 창칼을 녹여 만든 솥. 그 솥에

쪄 먹는 만두. 혹은 그 창칼로 녹인 궈(鍋, 프라이팬)에 칼 아닌 칼로 꽃무늬를 만들어 먹는 음식. 배낭에서 다시 중국요리사전을 펼친다. 요리를 위해 칼로 새기는 꽃무늬로는 국화나 매화가 있고 열매로는 밀이삭이나 리즈 혹은 호두 모양도 있어 이른바 도공(刀工, 칼을 다루는 기법)도 부지기수다. 중국은 이런 식으로 국력을 소진하다가 아편전쟁에서 영국에 패했고 청일전쟁에서는 일본에 패했다. 영국과 일본 두 나라는 모두 섬나라다.

결론적으로 칼을 칼답게 벼리지 못하고 무(武)를 포기함으로써 문약(文弱)에 이른 것. 하지만 이제 세상은 달라지고 있고 앞으로 더욱 달라질 것이다. 문약의 시대로부터 문강(文强)의 시대로 접어들고 있는 징후는 뚜렷하다. 문이 힘이 되는 시대다. '소프트 파워'로의 이동은 이미 자명하다. 문류(文流)가 물류(物流)에 앞서거나 아니면 적어도 그 둘이 함께 가는 세기가 바로 21세기다. 이렇게 문(文)과 물(物)이 함께 가거나 문(文)과 무(武)의 자리가 바뀌는 걸 짚지 못하는 지도자는 한물간 늙다리에 속한다. 이런 지도자를 둔 국가는 향후 미래를 보장받지 못한다. 아울러 먹을 줄 모르는 지도자, 손님을 모신 자리에서 그날 먹는 음식의 문화와 풍미를 들려줄 줄 모르는 지도자는 낙제라고 꿈속에서 되뇌고 있는데…… 잠결에 김포공항에 착륙한다는 방송이 들린다.

만두와 보쌈김치가 꽃으로 엮이다

　　　　　　　　김포에 내려 집이 있는 서산으로 공항버스를 타고 돌아와 짐을 풀고 제일 먼저 펼친 것은 얼마 전 읽은 박완서의 소설 『미망(未忘)』이다. 비행기에서 나는 셔틀이라는 단어와 함께 '편수(片水)'라는 개성의 만두를 검색했다. 개성상인 전처만 일가의 삼대에 걸친 장사 이야기를 개성인삼과 씨줄날줄로 짜서 만든 이 소설에서 이채를 발하는 대목은 개성음식에 관한 묘사다. 인터넷 사전에는 '편수'에 대해 "양지머리를 곤 맑은장국에 떠 있는 편수가 꽃봉오리처럼 어여쁘고 앙증맞았다"는 『미망』의 한 구절을 그대로 따다가 올려놓았다. 편수를 찾은 다음 이어서 떠올린 것이 개성의 보쌈김치를 『미망』에서 무슨 꽃으로 묘사했던가 하는 물음. 국화던가, 장미던가. 하여 집에 도착하자마자 『미망』을 펼쳐 돋보기를 끼고 이리저리 뒤진 끝에 다음의 구절을 찾아냈으니……

　　　　　　　　　　　　　　　·

　　보시기 속의 보쌈김치는 마치 커다란 장미꽃송이가 겹겹이 입을 다물고 있는 것처럼 보였고 갖가지 떡 위에 웃기로 얹은 주악은 딸아이가 수놓은 작은 염낭처럼 색스럽고 앙증맞았다. 설 때마다 느끼는 거지만 전처만네 설상은 귀한 댁 아가씨가 가꾸는 작은 꽃밭처럼 아기자기하고 색스러웠다. 먹기가 아까웠다.

　　개성 굴지의 상인 전처만의 집 설날 상차림에 대한 『미망』의 묘사는 꽃밭을 눈앞에 떠올리게 하는, 그야말로 압권에 해당하는 대목이다.

이 꽃밭 상차림의 또 다른 특색은 독상(獨床)이다. 전처만의 집 설날 독상 차림을 떠올리게 하는 인물이 산둥의 제나라에도 있었다. 바로 맹상군(孟嘗君). 허영만 화백의 만화 제목『식객』은 맹상군 집안의 '식객 삼천'에서 유래한 말이다. 진시황이 중국을 천하통일하기 직전 '식객 삼천'을 자랑하던 인물은 도합 다섯이 있었다. 신릉군, 평원군, 춘신군, 여불위 이들 넷 이외에 제일 선배가 바로 맹상군이었다. 전처만도 맹상군네 집에서처럼 식사 때에는 주객이 공히 독상을 받았고 주객의 반찬에 층하를 두지 않았다는 이야기는『사기』「맹상군 열전」에 드라마처럼 소개되어 있다. 맹상군의 본명은 전문(田文). 개성상인 전(田)처만과는 말하자면 국적은 다르지만 종씨다. 두 전 씨는 황해 바다

영화〈쌍화점〉에 나오는 만두. 꽃 모양으로 빚었다.

를 사이에 두고 먹을거리에 대한 같은 생각을 가지고 있었던 걸까. 물론 간과할 수 없는 것은 개성음식의 대표격인 보쌈김치를 『미망』에서는 장미꽃으로 형용하고 있다는 점이다. 보쌈김치를 두고 장미꽃이라 일컫고 싶은 것은 그만큼 김치가 아름답다는 뜻이 아니겠는가.

그날 저녁 영화 〈쌍화점〉을 다시 보았다. "만두집에 만두 사러 갔더니만/ 회회(回回, 이슬람인) 아비 내 손목을 쥐었어요/ 이 소문이 가게 밖에 나며 들며 하면/ 다로러거디러 조그마한 새끼 광대 네 말이라 하리라"라고 운운한 구절은 영락없는 고려시대의 음란가요다. 한데 만두를 가리켜 '쌍화(雙花)'라 부른 것은 어인 영문인가 하다가, 어제 린이에서 먹은 젠자오쯔의 모양새가 떠오르는 게다. 만두와 보쌈을 꽃이라 부르는 데는 필경 공통의 그 무엇인가가 있기 마련이던가.

영화 〈쌍화점〉의 감독 유하는 시인 출신이다. 『바람 부는 날이면 압구정동에 가야 한다』라는 시집으로 '간지'를 마음껏 자랑한 바 있는 그가 영화판으로 옮겨와서도 그 '간지'를 마음껏 발휘한다. 본디 제목인 〈쌍화점〉은 영화 속에서 '쌍화병'으로 바뀐다. 영화 속에서 만두는 단 한 장면 나온다. 원나라에서 온 왕비가 왕을 지키는 무사인 조인성에게 먹어 보라고 내놓은 원나라의 만두는 꽃 모양으로 빚은 만두다. '쌍화점'의 '花'를 낚아챈 것이다. 이 만두는 영화의 정사 장면에 그대로 오버랩된다. 카메라에 잡힌 장면의 거개가 옷을 입은 채 이루어지는 것은 필시 고기소를 싼 만두피를 암시한 것이라 보면 틀리지 않을 테다.

여기서 다시 개성 상차림의 꽃, 보쌈김치로 돌아가자. 보쌈의 쌈을 한자로 풀면 '쌀 포(包)'. 그리고 만두는 중국어로 '바오쯔(包子)'다. 말하자면 보쌈김치는 만두로부터 상상력을 빌려 온 음식이라고 보면 어떨까. 거기에 한 가지 콘텐츠를 추가하면 '삼합(三合)'처럼 세 가지가 맞아떨어진다. 그것은 〈대장금〉에 등장하는 '숭채만두', 곧 배추로 소를 싼 만두가 그것이다. 숭(菘)은 배추니까. 여기서 마술같이 이어지는 실이 자아진다. 칼로 새긴 꽃―만두―보쌈김치―배추……. 이런 링크는 어떤 연결인가. 이걸로 옷감을 짠다면 어떤 옷감이 나올까.

끝으로 이번 산둥행 결산으로 아쉬운 점 하나는 코스와 일정 관계로, 아니 실은 그건 핑계고 바이주를 먹느라, 한때 맹상군의 식읍이었던 쉐청(薛城)을 찾지 못하고 말았으니 다음 기회로 미룰밖에. 📝

지난 4월 10일 짜장면 세곱빼기를 먹은 이야기로부터 출발한 짜장면의 뿌리를 찾는 여행, 짧다면 짧고 길다면 긴 8개월여의 일정을 마무리할 때가 온 듯하다. 세 차례의 중국 여행을 통해 베이징, 상하이, 옌타이, 웨이하이, 지난, 린칭, 취푸, 린이, 서우광, 웨이산 등 적지 않은 도시를 떠돌던 어느 날, 로밍(roaming)한 핸드폰을 통해 한국으로부터 걸려오는 전화를 받으면서 로밍이라는 말을 되새겼다. 로밍은 사전의 뜻풀이에 의하면 정처 없이 떠돈다는 뜻이지만 그냥 내 식으로 '싸돌아다니다'라고 풀이하면 그만이다. 혼자서 산둥의 이 골목 저 구석을 '로밍'한 것이 도합 십수 차례는 되지 싶다.

그러면서 문득 눈앞에 어른거리는 전경 몇이 있다. 선전(深圳)에서 시작된 중국의 개방은 연안을 따라 북상하는 중이다. 상하이를 거쳤고 앞으로 칭다오와 웨이하이와 옌타이를 지나왔다. 그 동선을 따라 연안의 도시들은 1인당 가처분소득 1만 달러 시대로 들어선다. 그리고 다시 산둥도 성 전체가 1인당 1만 달러 시대에 불원간 진입하게 되겠지. 그렇게 되면 인구 1억에 한반도의 덩치만한 땅덩어리를 가진 산둥은

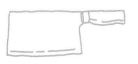

　모르긴 몰라도 아마 한반도 경제의 덩치와 거의 맞먹는 수준이 될, 그런 날이 뚜벅뚜벅 걸어오고 있다고 보면 그리 틀리지 않는다. 현금의 인천으로부터 뱃길로 하루 거리, 인천공항에서 한 시간 거리인 이곳은 앞으로 더욱 당겨질 것이며, 황해 바다를 잇는 카페리는 물론 근자에 신문 지상을 장식한 '한중해저터널'도 어쩌면 공상으로 그치지 않을 수도 있다.

　이어지는 두 번째 전경이 어른거린 것은 인천대교를 지나면서다. 인천의 랜드마크인 인천대교는 송도와 영종도를 잇는 다리다. 그런데 이 다리보다 더욱 거대한 다리가 인천에 있다. 그것은 인천에 사는 산둥 출신의 화교다. 그들로 하여금 한반도와 산둥 반도를 잇게 한다면……. 20세기 내내 한국에서는 이국인으로, 대만에서는 한국인으로, 대륙에서는 대만인으로 찬밥 취급을 당해 온 그들의 처지는 그야말로 기구하다는 말을 떠올리게 한다. 산둥에서 건너와 일제(日帝)와 6·25를 겪고 분단된 나라에 사는 동안, 그들은 이산과 분단과 재산 침탈을 겹쳐서 겪은 존재들이다. 이들의 신세와 처지가 앞으로 어떻게 달라지겠는가. 이 책의 모두에서 이미 언급한 바 있듯이, 20세기 華 '僑'를 21세기에는 華 '橋'로 바꾼다면…….

그런데 이런 문자 바꾸기 놀이는 중국인들에게는 그리 낯선 장난이 아니다. 이를테면 2008년 베이징올림픽 개막식의 총연출을 맡았던 장이머우(張藝謀)는 영화 〈영웅〉에서 칼싸움을 맹인 악사의 음악에 맞추어 추는 춤사위로 바꾼다. 칼싸움이 아니라 칼춤인 것. 이런 콘셉트는 서양에서는 볼 수 없는 것이다. 武[싸움]와 舞[춤]가 같은 소리가 나는 현상을 이용한, 오랜 전통을 가진 중국 특유의 문자 놀이다. 20세기 華 '僑' → 21세기 華 '橋'로의 변신도 바로 이 점에서 훈수를 받은 것. 그렇게 되면 인천은 쌍다리를 갖춘 도시가 된다. 영종도와 송도를 잇는 인천대교와, 한반도와 산둥을 잇는 華 '橋'라는 두 개의 다리를 가진 도시가 되는 것이다. 그리고 이런 토목공사야말로 21세기식 토목공사가 아닌가.

바로 이 대목에서 떠오르는 것이 대만 출신 작가 바이셴용(白先勇)의 소설을 영화로 만든 〈My Rice Noodle Shop(花橋榮記)〉이다. 구이린

(桂林)에서 타이완으로 건너간 실향민 쌀국수 장수의 이야기를 다룬 이 영화는 고향인 구이린의 '花橋(꽃다리)'라는 이름의 다리를 배경으로 한다. 쌀국수 집의 손님들 역시 거의가 구이린 출신으로 각기 고향을 등진 사연을 가진 인물들이다. 이들이 먹는 쌀국수인 미펀(米粉)은 타이완과 대륙의 고향을 링크시켜 주는 실과 같은 몫을 맡은 음식이다.

여기서 자연스럽게 짜장면의 면발을 늘이는 장면이 떠오른다. 수타면이라고 알려져 있지만 중국음식점에 가면 면발을 늘이는 이들을 가리켜 '라멘(拉麵)'이라 부른다. 반죽을 양손으로 늘이기 적절한 1.2m 길이로 먼저 가닥을 지은 다음 거기에 약간의 기름을 바른다. 그걸 두 팔로 늘이면서 꼬고, 꼬면서 늘이기를 열서너 차례 하면 기름막이 밀가루 반죽에 입혀진 면발이 마치 나노 굵기로 새끼줄처럼 꼬아진다. 그 면발은 얼핏 보면 한 가닥이지만 실은 셀 수 없이 많은 가닥이 하나로 꼬아진 실뭉치나 다름없다. 그러고 나서 비로소 흰 밀가루를 뿌리고 본격적인 가닥 짓기를 열두어 차례……. 짜장면 한 그릇에 담긴 면에는 헤아릴 수 없이 많은 가는 실이 감추어져 있다. 짜장면의 마술이

다. 짜장면 한 그릇에 담긴 가는 면의 실타래는 한반도와 산둥을 잇고
도 남는 길이가 된다. 이런 기술 혹은 마술의 원산지가 바로 황해 바다
건너 옌타이의 푸산이다. 옌타이 사람들은 '라몐' 기술의 발상지가 자
신들의 고향이라고 주장한다. 그리고 한국의 중국음식점을 운영하는
화교 가운데 많은 수가 바로 그곳 푸산 혹은 바로 인근의 무핑을 중심
으로 하는 일대의 자오둥 출신이다.

　눈앞에 어른거리는 세 번째 그림은 동심원을 연상시킨다. 식탁 위로
요리가 올려진 '좐반(轉盤, 둥근 유리판)'이 빙빙거리면서 돈다. 짜장면
이 놓여 있고 그 옆에는 짬뽕이 그리고 그 옆에는 우동이 올려져 있다.
여름이라면 냉면을 올려도 안 될 것 없다. 이때 우동이 자신의 원적을
일본이라고 하고, 짬뽕이 자신의 본적을 나가사키라고 하면서 아우성
을 친다. 냉면도 조상이 한국이라고 하면서 볼멘소리를 한다. 자신들
을 왜 중국음식점 식탁에 올려놓았느냐고. 하지만 이런 식으로 국적,
본적, 조상을 따지기만 하면 그건 20세기식이다. 우동은 본디 중국의
원툰(餛飩)이 일본으로 건너가 우동이 되었다. 그 일본식 우동이 중국

으로 다시 건너가면서 우동(烏冬)이 되기도 했다. 이주(localization)와 재이주(relocalization)를 겪으면서 우동의 재료나 맛도 달라졌다. 국경을 넘나들면서, 유식한 말로 하이브리드, 한자어로는 혼종(混種), 식탁에 올려진 메뉴의 이름으로 거론하자면 '짬뽕'이 된 것이다. 우리가 중국음식점에서 먹는 국수 종류야말로 이른바 다문화(multiculture) 현상의 표징이다.

이런 하이브리드와는 달리 또 하나의 그림이 숨어 있다. 그것은 허브다. 인천을 비롯한 한반도의 화교들은 중국에서는 짜장면을 날라 왔고 일본에서는 우동과 짬뽕을, 그걸로 모자라서 '다꾸앙'도 날라 왔다. 말하자면 한국의 중국음식점 식탁이야말로 한중일의 허브인 것이다. 마치 인천공항이 허브공항인 것처럼.

이제 짜장면을 찾아 나선 여정을 마치면서 변변치 못한 '썰'을 읽어주신 독자들에게 고개 숙여 경의를 표한다. 아울러 마지막으로 부탁을 드리는 것은 짜장면을 드시되, '화교'라는 존재를 한번쯤 떠올리면서 검은 국수를 목으로 넘겨 보시라는 것이다. 한번쯤 목이 메어 화교에게 마음으로부터 우러나오는 이른바 '톨레랑스'를 구할 때 비로소, 우리는 일본인들의 재일동포 차별에 대해 낯을 들고 이야기를 할 자격을 갖출 수 있을 테니까. 그리고 그런 자격이야말로 모름지기, 21세기에 우리가 갖추어야 할 '국격(國格)'의 하나일 테니까.